本书系教育部人文社会科学研究青年基金项目“中国快速发展背景下大学生国际观认知形成与效果评估”（项目编号：13YJC710036）、陕西省教育厅哲学社会科学重点研究基地项目“中国快速崛起背景下大学生国际观研究”（项目编号：12JZ021）成果。

大国青年

中国大学生国际观研究

YOUNG PEOPLE IN MAJOR-POWER STATE
A Study on the International Outlook of Chinese College Students

马明策　张玲　康欣◎著

人民东方出版传媒
東方出版社

图书在版编目（CIP）数据

大国青年：中国大学生国际观研究/马明策，张玲，康欣著．—北京：东方出版社，2019.10

ISBN 978-7-5207-1215-6

Ⅰ.①大… Ⅱ.①马… ②张… ③康… Ⅲ.①高等学校—国际关系—教学研究—中国 Ⅳ.①D81

中国版本图书馆 CIP 数据核字（2019）第 204407 号

大国青年：中国大学生国际观研究

(DAGUO QINGNIAN ZHONGGUO DAXUESHENG GUOJIGUAN YANJIU)

作　　者： 马明策　张　玲　康　欣

责任编辑： 杨润杰

出　　版： 东方出版社

发　　行： 人民东方出版传媒有限公司

地　　址： 北京市朝阳区西坝河北里 51 号

邮政编码： 100028

印　　刷： 三河市金泰源印务有限公司

版　　次： 2019 年 10 月第 1 版

印　　次： 2019 年 10 月北京第 1 次印刷

开　　本： 880 毫米×1230 毫米　1/32

字　　数： 250 千字

印　　张： 7.25

书　　号： ISBN 978-7-5207-1215-6

定　　价： 52.80 元

发行电话：（010）85924663 85924644 85924641

PREFACE 前言

当代大学生的国际观导向与中国国家安全稳定息息相关。特别是在国际体系深刻调整的环境下，大学生的国际观作为中国公众意见的一部分，在一定程度上可以影响中国外交政策取向。同时，当国家面对重大国际事件时，又需要稳定一致的国际观为国家政策提供民意基础。正如美国学者罗伯特·普特南（Robert D. Putnam）所说："国家的外交是国内政治的延续。"① 只有把握当代大学生的国际观现状，了解其动态变化的影响因素，才能把握大学生国际观的建构过程，开展有针对性的教育活动，增强大学生对国家外交政策的理解与支持。

如何培养大学生健康、成熟、理性的国际观，一直是高等教育在理论和实践领域面临的一个迫切需要解决的问题。在中国快速崛起、世界面临习近平总书记所说的"百年未有之大变局"时，当代大学生的国际观也随之发生变化。当代大学生对国际体系、中国国家地位、中国外交政策的理解度如何？他们是否认同中国现有的外交政策？何时会支持？何时会困惑不解？这些态度的认知来源是什么？

① Robert D. Putnam, "Diplomacy and Domestic Politics: The Logic of Two-Level Game", *International Organization*, Vol. 42, No. 3 (June 1988), p. 427.

如何正确引导大学生的态度？本书对这一系列问题进行回答，希望能对大学生的成长产生积极作用，并为思想政治教育的学科发展及话语体系创新扩展思路。

本书拟从认知互动的角度探讨大学生国际观的形成过程，采用问卷调查、个案访谈、文献研究等方法，以政治学、国际关系、思想政治教育、历史学、哲学等多个学科视角，通过数据总结、分析和归纳当代大学生国际观的现状、特征及变迁原因，纠正认知偏差和认知错觉。本研究旨在为培养理性、开放的大学生国际观提出富有针对性和可操作性的现实策略，为各级政府和教育管理部门提供决策性参考，同时为思想政治教育改革提供理论依据和方法选择。

本书的结构如下：第一章是对大学生国际观概念的分析，探讨大学生国际观的内涵、构成和影响因素，从而建立大学生国际观的分析框架。第二章研究中国快速崛起的现实与国内外舆论变化，为系统把握当代大学生国际观提供宏观背景与理论分析。第三章是大学生国际观实证研究，通过两次问卷调查并结合个案访谈，归纳总结大学生国际观现状、特征及变迁原因。第四章按照习近平总书记提出的“八个统一”的思想政治教育要求，总结概括四大机制，为大学生国际观培育提供参考建议。

本书是对大学生国际观的初步研究，目的是通过具体方法，探讨大学生国际观的内涵、变迁和影响。主要采用了数据采集法和数据分析法两种研究方法。数据采集法：(1) 文献检索。通过对现有文献资料和数据库进行搜集整理，梳理研究现状。(2) 问卷调查。通过两次问卷调查了解目前大学生国际观真实状况和影响因素。(3) 个案访谈。弥补调查问卷可能存在的深入性不足的问题，把握大学生存在的国际观认知偏差。数据分析法：运用 SPSS 22.0 分析软件，对调查结果进行描述性和多元回归分析，并通过比较研究总结归纳大学生国际观变迁表现和特点。

本书是在教育部人文社会科学基金青年项目的资助下，以陕西省教育厅哲学社会科学重点研究基地项目为依托完成的。在撰写的过程中参阅了大量有关著作，引用了许多专家和学者的研究成果，没有这些专家学者的学术引领和思想启迪，本书的研究是无法完成的。作者在注释和参考文献中已尽量列出相关研究成果，如有遗漏，敬请谅解。本书个别章节已在期刊发表，内容在收录入本书时按照新的资料和写作思路做了相应的修改、补充和调整。因时间仓促，水平有限，不足之处在所难免，恳请广大读者在阅读本书时多提宝贵意见。

马明策

2019 年 8 月

CONTENTS 目录

绪 论

一、世界体系之变

1901年，梁启超发表《中国史叙论》一文，首次提出了“中国民族”的概念，并将中国民族的演变历史划分为三个时代，从“中国的中国”到“亚洲的中国”再到“世界的中国”，实际上也描绘了中国的三重身份。中国人民大学教授王义桅认为，与此对应的中国身份有三：“一是‘传统中国’（Traditional China），即传统农耕文化、内陆文明孕育的‘文化共同体’。二是‘现代中国’（Modern China），即近代以来随着‘天下’观破灭后被迫融入西方国际体系而塑造的现代‘民族国家’身份。由于国家尚未统一，‘现代中国’身份仍在建构中，民族融合与核心价值观建构挑战尚在。三是‘全球中国’（Global China）。它是指随着中国的改革开放，那些利益和观念国际化、全球化的部分，既坚持传统文化，又包容价值普适性，而处于形成之初级阶段的全新国家身份。”① 中国社会科学院研究员赵汀阳强调，今天中国已成为世界的一个重要部分，属于中国的就是属于世界的，必须“重思中国”

① 王义桅：《大国担当》，人民日报出版社2018年版，前言第4页。

或“重构中国”，讨论中国的文化和思想对于世界的意义。[①]

从界定中国身份的梁启超到诠释“天下体系”的赵汀阳，有多少胸怀天下的知识分子，他们心中就有多少个“中国与世界”的影像及其映射。这包括中国文人接受系统的“世界知识”之后，体察到的“中国之世界”，也可能是留学海外的中国学子感受到的“世界之中国”。“中国与世界”影像之间的互动，加上中国“天下体系”的传统，构成了国人心中的对国际体系的认知。而这种认知的客观来源，则是国际体系的结构性变化与中国国家实力的迅速攀升。

当前，国际体系有了深刻调整，世界正面临习近平总书记所说的“百年未有之大变局”。党的十九大报告指出：世界多极化、经济全球化、社会信息化、文化多样化深入发展，全球治理体系和国际秩序变革加速推进。[②] 这里所谓的变革，一是美国霸权的衰落与新兴国家经济体的群体性崛起的结构性变化，以及由此引发的全球治理体系的变动。二是在这个变革之中，中国的外交政策与中国的国际地位也随之发生变化。

2008 年美国金融危机之后，美国霸权衰落的速度加快，经济发展乏力，财政赤字居高不下，政府负债过重，在国际经济领域的影响力总体呈下降趋势。截至 2019 年 3 月，美国联邦政府未偿公共债务总额已达 22.1 万亿美元，约占美国 2018 年 GDP 的 108%，预计 2019 年全年的赤字将达到 8970 亿美元，比 2018 年的 7790 亿美元增长 15.1%。同时，美国科技领

---

① 赵汀阳：《天下体系：世界制度哲学导论》，中国人民大学出版社 2011 年版，导论。

② 习近平：《决胜全面建成小康社会　夺取新时代中国特色社会主义伟大胜利——在中国共产党第十九次全国代表大会上的报告》，人民出版社 2017 年版，第 58 页。

先的领域正在减少，科技发明的数量正在相对下降，加上保护主义、民粹主义的影响，特朗普政府在上台伊始就开启了“退群”模式，先后宣布退出气候变化协定、联合国教科文组织、全球移民协议、联合国人权理事会、万国邮政联盟等国际组织，退出伊核协议、《中导条约》等，美国正在摧毁第二次世界大战以来自己参与建成的国际秩序，在全球治理中的地位下降。

同时，与美国霸权衰落形成对比的是，中国国家地位、国家威望持续攀升，国家实力和国际影响力显著增强。2018 年中国经济总量突破 90 万亿人民币，同比增长 6.6%，经济增速在世界前五大经济体中居首位，对世界经济增长的贡献率接近 30%，持续成为世界经济增长最大的贡献者。在为世界经济增长作出贡献的同时，中国坚定维护多边主义和以联合国为核心的国际体系，加强与主要大国沟通对话和协调合作，同周边国家关系全面发展，不断加大对发展中国家的援助和互利合作，先后举办一系列重大主场外交活动，出席国际社会一系列重大活动，着力推动全球性问题的解决，并提供更多中国建设性方案，为促进世界和平与发展，作出了世人共睹的重要贡献。

中国国家地位的提升是国家内部优势外溢到国际体系的自然结果。党的十八大以来中国特色社会主义伟大实践极大地增强了中国人民的自豪感和自信心。党的十九大报告又明确指出：“中国特色社会主义进入了新时代，这是我国发展新的历史方位……意味着近代以来久经磨难的中华民族迎来了从站起来、富起来到强起来的伟大飞跃。”① 这里的“站起来、富起

① 习近平：《决胜全面建成小康社会　夺取新时代中国特色社会主义伟大胜利——在中国共产党第十九次全国代表大会上的报告》，第 10 页。

来、强起来实际表明近现代以来中华民族命运的逐步改变与中国现代化进程的质的跃迁，表明中国的现代化达到了更高的层次与程度”①。而报告对中国历史方位的新论断，其核心目标就是在我国发展起来以后实现大国向强国迈进，真正实现强起来。② 这是一代又一代的中国人不断奋斗的结果，为国际社会中的发展中国家树立了典范，许多发展中国家开始学习甚至效仿中国经验，这极大地提高了中国的国际影响力。

随之而来的是中国与国际社会的关系发生变化。崛起的中国已经成为国际体系中有举足轻重地位的大国，中国从来没有像今天这样接近世界舞台的中央，中国同世界的关系进入新阶段，国内国际两个大局联系更加紧密。一方面，作为世界上最大的发展中国家，中国正处在从大国走向强国的关键时期，实现中国梦任重而道远，需要锲而不舍、驰而不息的艰苦努力。中国的改革开放离不开世界的支持合作，中国需要和平的国际环境谋求发展，但当前外部环境更加复杂，一些国家和国际势力对中国的阻遏、忧惧、施压有所增加，中国需要冷静观察，审慎应对。另一方面，作为联合国安理会常任理事国，作为有核大国，中国对世界和平与稳定负有不可推卸的国际责任和义务，需要高举公平正义的大旗，在世界上仗义执言，坚决维护和平、反对战争、反对一切形式的霸权主义和强权政治。

---

① 韩庆祥：《深刻理解和把握中国发展新的历史方位》，中国社会科学网 2017 年 10 月 26 日。

② 李海青：《全面深刻把握中国特色社会主义进入新时代的本质内涵》，中国社会科学网 2017 年 10 月 22 日。

二、中国的大国地位与青年责任

随着中国身份的变化、国家利益的全球拓展，国际社会对国际秩序调整中的中国的角色、立场和主张有期待、有猜测、有疑虑甚至有担心。中国与国际秩序的关系成为国内外政界、学界和媒体关注的热点。①

如何看待中国的发展对世界的影响并对中国在世界体系中进行准确的定位，如何回应国际上的要求和期待，如何批判“中国威胁论”“中国崩溃论”和“中国责任论”，如何理解主权观念并加强对国际秩序的认知，如何处理与中国有着历史问题或领土争端的周边国家关系，简言之，“中国如何看世界，世界如何看中国，中国如何让世界更好地了解中国”②，将影响中国民族复兴的大计与中国人的未来。而青年学生作为未来社会主义事业的必然担当者，代表着我们祖国和民族的未来，代表着我们中国特色社会主义事业兴旺发达的希望。习近平总书记在党的十九大报告中指出：“中华民族伟大复兴的中国梦终将在一代代青年的接力奋斗中变为现实。”③ 面对复杂的国际格局，大学生是否具备理性、平和的国际观，是否具有敏锐的政治鉴别力，是否能够用马克思主义中国化的最新成果正确看待国际社会的风云变幻，决定了未来中国与世界关系的走向。

---

① 孔根红：《中国的“国际秩序观”》，《瞭望中国》2017年第23期。

② 王帆：《中国人的国际意识与国家形象塑造》，《湖北日报》2007年8月29日。

③ 习近平：《决胜全面建成小康社会 夺取新时代中国特色社会主义伟大胜利——在中国共产党第十九次全国代表大会上的报告》，第70页。

因此，在坚持国家观念、民族精神的基础上，通过开展大学生国际观教育，增强大学生的国际意识，努力提高大学生国际视野，让大学生在全球化的发展潮流中推动中国的发展与繁荣，是中国顺应全球化发展的关键，也是中国高等教育的时代使命。

教育的前提是对大学生既有国际观及其动态变迁有基本了解。特别是在包括中国在内的新兴国家快速崛起以及中国 40 多年来转型实践的环境下，追踪国际社会与国内社会变迁所导致的大学生的社会心态变化，不仅具有现实意义，而且具有群体研究的社会学意义。

了解并把握大学生的国际观，在此基础上培育理性、平和、积极的大学生国际观，进而创造全面深化改革的有利国际环境，既事关培养担当民族复兴大任时代新人的重任，也事关“两个一百年”奋斗目标的实现和民族复兴伟业的成功。

三、相关研究成果与不足

出于对中国“接触”与“遏制”的战略需求，包括美国在内的一些西方国家早在 20 世纪 80 年代就开始了对中国人国际观进行调查研究。这类研究通过关注中国人对外部世界的认知状况，判断中国外交政策的基本走向。这些基础调研与分析，可按照研究范围和性质分为三类。第一类将中国人进行分层解构，分析不同的社会群体因身份不同而对国际社会产生的认知差异。第二类主要研究中国人对具体国家的认知状况和政策偏好。第三类研究将视角集中于中国人对具体国际问题的理解分析。

在第一类研究中，主要考察城市居民（Jie Chen，2007[1]）、中产阶级和海外留学生（Alastair Iain Johnston，2004[2]；David Zweig，2010[3]）等不同的群体对国际社会的总体认知状况和政策偏好，及其对中国外交政策产生的影响。美国一些早期的“中国通”，如戴维·兰普顿（David M. Lampton）、何汉理（Harry Harding）等重点研究中国公众的国际观。美国欧道明大学亚洲研究机构的陈杰（Jie Chen）具体分析了中国人对外部世界的威胁感知，他通过与中国人民大学的合作调查，指出中国城市居民认为对中国产生威胁的国家主要是美国和日本，这种威胁感随着对中国崛起的渴望而增强。而阿拉斯泰尔·伊恩·约翰斯顿（Alastair Iain Johnston）注意到了中国中产阶级的国际观变化将会给中国外交带来的影响。大卫·志伟格（David Zweig）则分析了中国海归留学生和中产阶级两个群体的国际观。他认为中国归国留学生与中国的中产阶级相比，具有对祖国强烈的认同感，并在国际事务中更加强调国际合作而非激进的民族主义。

第二类研究的重点是中国人对具体国家的认知，即中国人的国别观。美国著名学者沈大伟（David Shambaugh）在《美丽的帝国主义：中国对美国的看法 1972—1990》一书中较早研究了中国人的美国观。他通过研究发现，中国人对美国的观念存在差异。因此，他将中国人分为“马克思主义者”“非马

---

① Jie Chen，“Rapid urbanization in China：A real challenge to soil protection and food security”，*Catena*，Vol. 69，No. 1（January 2007），pp. 1-15.

② Alastair Iain Johnston，“Chinese Middle Class Attitudes Towards International Affairs：Nascent Liberalization?” *The China Quarterly*，Vol. 179，2004，pp. 603-628.

③ Donglin Han and David Zweig，“Images of the World：Studying Abroad and Chinese Attitudes towards International Affairs”，*The China Quarterly*，Vol. 202，2010，pp. 290-306.

克思主义者”与“霸权主义者”三个不同的“意见群体”。他认为，自1972年以来，特别是改革开放以来，美国在中国的形象大为提升。但从总体上看，中国人的美国观较为空洞且不具体。他指出，中国人以史为鉴的观念将导致中国从历史记忆中寻找依据。美国普林斯顿大学教授饶济凡（Gilbert Rozman）在《中国关于苏联社会主义的争论：1978—1989》一书中从中国学者自1978年到1985年有关苏联社会主义性质的辩论来分析中国对苏联认识的变化。大森和夫、大森弘子则关注中国大学生对日本的看法。《日本侨报》2005年9月21日发表的文章《中国大学生27187人的对日意识》，以针对中国大学生（主要是口语学习者）所做的问卷调查为基础，汇集了中国大学生的心声，从方方面面来谈中国人对日本的看法。李静（Li Jing）在其著作 *China's America: The Chinese View the United States 1900—2000* 中，以《读书》杂志为案例，探讨了中国思想界对美国形象的理解。

第三类研究的重点是中国人对国际问题与国际准则的看法，例如，中国人对人权问题、恐怖主义等国际问题的认知状况。香港大学教授西蒙圣（Simon Shen）调查分析了广州大学学生对国际恐怖主义的看法，发现中国大学生将国际恐怖主义视为一个相对的概念。

总体而言，西方国家和学者对中国人国际观的研究主要集中于知识分子群体等，而对大学生国际观的研究多见于零散的论述。但因其研究方法非常丰富成熟，结合了经验研究和实证研究，所以仍可为当代大学生国际观的调研提供有益的借鉴。

与国外研究相比，国内的研究更加丰富具体。其特点是：更注重从中国的角度看世界，并开始涉及包括大学生在内的中国公众的国际观。这类研究分为以下三个方面。

1. 从中国民众和学者角度探讨中国人视角的他国形象

这方面的代表著作主要有：杨玉圣的《中国人的美国观——一个历史的考察》，梁碧莹的《龙与鹰：中美交往的历史考察》，张济顺的《中国知识分子的美国观（1943—1953）》，李慎明等的《中国民众的国际观》等。代表性论文主要有白联磊、袁正清的《透视中国的美国形象变迁——以〈世界知识〉（1980—2009 年）为样本的内容分析》，余逊达等的《中美关系：来自民众的看法》，范士明的《“爱恨交融”中的反美主义——冷战后中国人对美国的看法》，吴海云的博士学位论文《想象与表征：当今中国（2008—）大众文化中的“西方性”》，陈日常的硕士学位论文《公众心目中的中美关系与中国的崛起》，郭志娟的硕士学位论文《中国学者眼中的美国——以〈美国研究〉（2001—2010）为例》，蒋立峰的《中国民众对日本很少有亲近感——第一次中日舆论调查结果分析》，刘恩君的硕士学位论文《改革开放以来中国知识精英的日本观研究》等。还有以学者陈生洛为代表的对青年学生的他国观以及突发性国际事件的认知调研。例如，《两个美国：中国大学生的美国观》《中国大学生对日本的看法》《中国大学生的美国观与日本观的比较》等系列研究成果。邓丽兰的著作《美国！美国？美国……世纪之交中国大学生的美国观》，崔文月的硕士学位论文《中国学生心目中的美国形象研究——以北京两所学校的学生为例》，陈志娇的硕士学位论文《中国青年对日态度研究》，姜茜的硕士学位论文《中国青年学生心目中的日本形象——以北京的三所学校的学生为例》，魏一平的硕士学位论文《中国大学生及其父辈对日刻板印象研究——以代际差异为视角》，杜丽文的硕士学位论文《大学生日本观变化过程研究——以北京市在校大学生为例》，以及中国青少年发展基金会、中国青年报社进行的大型读者调查《中国青年对日本的认识》，吴鲁平的《今日中国青年对美国态度》，卢德平的《北京大学生眼中的日本》，李想的《当代大学生日本观教育刍议》，张燕等的《北京学生对日刻板印象及3·11地震后的情绪和援助意向研究》等论文，均是分析青年学生对美国和日本的看法的。这些著作、论文普遍认为中国大学生对美国的羡慕向往和反感痛恨历史上曾有起有落，造成这种起落的基本原因在于中国人自身的心理状态和需求以及中美两国关系的性质；而认为中国大学生对日本的看法则趋向于反感，对这种日本观的具体内容、形成原因、产生和存在的合理性以及不足都做了一定分析。

2. 大学生国际观培养教育研究

这类研究通过论述大学生国际观教育的重要性和必要性，以分析如何加强对大学生国际观的培养。刘慎军、段伟的《论大学生国际观的影响因素及培养策略》一文认为个体国际观的养成是家庭环境、学校环境、社会环境综合作用的结果。高等学校开展国际观教育，应立足于教育内容课程化、教师队伍国际化、教育对象主体化、校园文化开放化。姚福生等的论文《新时期大学生国际视野教育初探》从知识、能力、素质的角度对大学生国际视野的内容要素做了分析，并从教育内容、教育主体和教育客体三方面对开展大学生国际视野教育的策略和途径提出建议。韦鸿鹏的《浅论培养大学生国际意识需要更新的基本观念》一文从教育者自身观念变更探讨教育对象国际意识的培养。胡治艳的硕士学位论文《论大学生国际意识的培养》，熊东萍、苏华的《全球化的大学生全球意识教育》，梁萍的《论如何在公共政治理论课教学中培养大学生的国际意识》，易秋芳的《论加强当代大学生的国际意识教育》等论文从不同角度探讨培养大学生国际观的措施和手段，都强调要充分发挥高校思想政治理论课教学的主渠道作用。赵文在《“一带一路”时代背景下青少年学生的国际观》中提出加强学校国际观教育课程体系建设，改进和完善国家观教育的方式方法，推进教育国际化，增加国际交往与交流，拓宽国际视野，同时充分发挥网络新媒体作用，增强学生鉴别与判断能力。

3. 大学生国际观形成的影响因素研究

这方面的研究主要以实证分析的调查报告为主。宁越敏等的《中国大学生的国际观调查分析》认为由于经济条件等因素的影响，中国大学生对于世界的亲身体验较少，对于世界的认知更多地受家庭、媒体和学校等外部环境的影响，尤其是媒体和学校教育的导向对大学生世界认知的形成具有重要影响。李鹏、杜谷文的《两岸青年国际观之特点及成因分析》从国际新闻的关注度、对外留学交流情况和参与国际志愿者活动三个方面分析，认为中国大学生国际观的形成受社会环境、媒体资讯、教育环境和价值观影响较大。孙伟、陶莹的《大学生国际观教育调查结果分析与教育对策建议》通过调查发现学生缺乏一般性国际常识、学校国际观教育主阵地弱化，提出注重国际观教育途径的多样性、教育方式的多样性，并结合自身特色、国情特色进行国际观教育。中国青少年研究中心课题组发表的《中国青年看世界调查报告》认为，青年主要是通过大众传媒获得有关外国和国际关系信息的，特别是新媒体、互联网，课堂老师和教科书的影响很小，甚至比不过朋友之间口头传播和课外书。

刘慎军等人在其文章《大学生国际观问题研究述评》中归纳并总结了大学生国际观的相关研究成果，包括大学生国际观的概念、内涵、影响因素，培养大学生国际观的系统方法，以及调查大学生国际观的状况及其影响因素等；同时认为关于国际观的概念与因素的研究大多集中为对其普遍的概念的研究，缺乏从国情的角度把握国际观概念的界定，在国际观及其影响因素的分析研究中几乎没有基于理论分析框架的研究等。

上述研究成果对加强和改进大学生国际观教育有着积极意义，但也存在以下几个方面的不足。

（1）概念界定难统一。多数国际观研究试图给出明确的定义，但没有形成共识，往往集中于对某个国家的具体看法，对国际观的基本内涵、构成要素及各要素之间的结构关系缺乏明确和统一的界定。

（2）缺乏对大学生国际观的追踪调查。未能将大学生的国际观置于国际观形成的体系环境中，即没有与中国快速崛起的事实结合起来进行分析，研究成果中缺乏大学生国际观在不同时代背景下的变化特点，对大学生国际观动态变化的描述不足。

（3）将研究重点集中于对策研究，对大学生国际观的国际政治学分析不足。既有国际体系状态与结构性变化是大学生国际观生成的事实依据，正确的国际观一定是以具备“中国意识”的民族国际观为基础，而现有研究将重点放在对影响大学生国际观途径的对策研究上，却忽视了面对纷繁复杂的国际体系变化，何为正确的国际观这一根本问题的思考，因而对大学生国际观的认知中的错误知觉及其形成根源的研究尚显不足。

（4）现有研究重视教育、媒介对大学生国际观形成的单向作用，但对大学生与媒介教育的认知互动关注不足，因而缺乏两种研究：一种是大学生作为个体参与国际政治活动的主体间认知差异研究，另一种是大学生作为整体在接受媒介信息后的认知反馈与调整过程的效果评估。

第一章

大学生国际观的内涵与结构

习近平总书记这样评价青年大学生："青年是标志时代的最灵敏的晴雨表，时代的责任赋予青年，时代的光荣属于青年。"[①] 当代大学生作为国家未来的建设者和接班人，将肩负起推动国家进步、实现民族复兴的历史使命，其发展、进步、强大，关系到中国未来在国际社会中的地位，他们的国际观认知与定型也牵系着一个国家未来的发展。

随着我国高等教育从精英教育迈向大众教育，大学生作为一个特定的群体，规模不断扩大。教育部 2018 年 4 月 7 日发布的《中国高等教育质量报告》显示："2018 年中国大学生在校人数达到 3700 万人，全世界第一。全国各类高校达到了 2852 所，位居世界第二。"作为一支庞大的、具有鲜明群体特征的社会力量，当代大学生善于思考，崇尚理性，赞赏自主，有政治追求和信仰。他们关心时事，热衷于研讨社会问题。[②] 他们成长于我国改革开放和社会主义市场经济快速发展时期，在国内历史文化的熏陶以及国内外各种思潮的影响下，吸取来

① 《习近平谈治国理政》，外文出版社 2014 年版，第 167 页。

② 赵迎欢等：《"当代大学生特点及环境影响"研究报告》，《思想理论教育导刊》2010 年第 1 期。

自家庭、学校和社会的信息，与其自身的认知体系相结合，从而内化为相对长期稳定的价值观。同时，时代变迁、环境差异对大学生国际认知具有深远影响，其国际观显示出显著的代际特征。当前，“90后”大学生正逐渐离开大学生群体，“00后”大学生步入高校。生活在新媒体时代的大学生，正面对前所未有的“信息爆炸”体验。媒体力量不仅在加速大学生价值观构建的进程，也在加剧大学生对世界认知的波动。因此，在大学生的国际观具有较强可塑性的时期，帮助其塑造正确的国际观，就成了大学教育的主要内容之一。其中，形成大学生国际观内涵的基本共识，是探讨教育、引导大学生国际观的基本前提。

一、大学生国际观的内涵及特征

恩格斯指出，人们“必须先研究事物，尔后才能研究过程。必须先知道一个事物是什么，尔后才能觉察这个事物中所发生的变化”①。因此，要培育大学生理性、平和的国际观，首先必须厘清大学生国际观的内涵及其外延。在这方面，尽管既有研究已经给出丰富的解释，但尚未达成共识。

英文文献中通常用“perception of the world”表述国际观，与汉语中的国际观存在区别。西方学者对国际观的调查和研究较为细致。特别是 Sampson & Smith（1957）的“国际观量表（Worldmindedness Scale）”和 Der-Karabetian（1994）的修正表，为广泛接受的量化研究模版。其中，Sampson & Smith 将

① 恩格斯：《路德维希·费尔巴哈和德国古典哲学的终结》，人民出版社2018年版，第40页。

"关心和知识"作为国际观的主要构成要素。具体包括对国际问题所表示的关心、作出解决该问题的努力、超政治关系与世界和谐合作，以及看待未来走向的态度等。Sampson & Smith 在量表设计中划分了宗教纠纷、移民问题、政府间关系、经济合作、爱国心、种族歧视、国际教育、反对战争等 8 个领域和 32 个子项目。① Der-Karabetian（1994）以多文化与现代产业社会的观点对量表进行再完善，将 Sampson & Smith 的 32 个子项目根据种族歧视、宗教纠纷、移民政策、爱国心、守护和平、树立全球单一政府、国际化时代教育、技术发展与环境问题、与发达国家的国际关系等层面设计为 26 个子项目。② 这两个量表在国际观调查方面被广泛采用，一方面说明世界所认为的国际观、国际视野的概念中存在共同的因素，但从各个国家的立场上看每个国家的公民要具备的国际观又存在不同程度的差异。③ 单纯就国际观而言，不涉及大学生这个特定主体，国际观与政治价值观存在相当的区别，不能以政治价值观替代国际观。另一方面说明了国际观内涵的复杂性。从中国视角看待大学生的国际观，不能简单套用西方国家概念及其量化指标，仍需要从中国立场出发体现中国视角，并在内涵中观照大学生的群体属性。

所谓观念，按照《辞海》的解释，是指看法、思想，是思维活动的结果，或者是表象或客观事物在人脑中留下的概括

---

① Sampson, D. L. &Smith, H. P, "A Scale to Measure Worldminded Attitude", *The Journal of Social Psychology*, Vol. 45, No. 1 (February 1957), pp. 99-106.

② Der-Karabetian, Aghop, "Worldmindedness and the Nuclear Threat: A Multinational Study", *Journal of Social Behavior and Personality*, Vol. 7, No. 2 (February 1992), pp. 293-308.

③ 刘慎军等：《大学生国际观问题研究述评》，《黑龙江高教研究》2014 年第 3 期。

的形象。[1]“观”即认知，是源于直接观察以及社会科学各学科的综合运用，其内容涵盖了一段时期以内对国际社会的各个成员的认识。[2] 中国教育体系中所指的国际观，至少应当与当代大学生观察国际社会的知识、能力、素质密切相关。《国家中长期教育改革和发展规划纲要（2010—2020 年）》提出：“适应国家经济社会对外开放的要求，培养大批具有国际视野、通晓国际规则、能够参与国际事务和国际竞争的国际化人才。”在这里，国际观至少包括国际视野、对国际事务的理解力、对国际规则的了解以及参与国际竞争的能力。这样，国际观的内涵包括了知识、能力、素质这三个基本要素，它们相互联系、相互作用、相互影响，形成一个综合动态系统。姚福生等人在《新时期大学生国际视野教育初探》中把国际视野的构成分为知识维度、能力维度和素质维度三个部分。其中，“知识”表现为对“这是个什么样的世界”“我们处在什么方位”等基本状态的认知，包括对国际社会各种知识的总体把握与了解，一些主要国家的国情与对华关系态势，国家在当今国际社会中所处的地位和在主要领域参与国际事务的水平与程度等。“能力”具体指与外国交往、合作、认识外来文化的行为能力，主要包括沟通能力、信息获取能力、辨别能力等。“素质”主要包括开放宽容的态度、规则意识、价值观等要素。[3] 这里，他所指的国际视野，与国际观的内涵大体相符。也有学者将国际观定义为一国政府和人民对现存国际关系、国

---

① 夏征农：《辞海》，上海辞书出版社 1999 年版，第 1235 页。

② 徐利平主编：《当代周边国家的中国观》，社会科学文献出版社 2013 年版，第 165 页。

③ 姚福生等：《新时期大学生国际视野教育初探》，《学术论坛》2008 年第 1 期。

际秩序的态度和看法，通常受该国历史及地缘政治环境的影响。[①] 学者余玉照认为，国际观就是个人对国际社会，对整个世界的一种态度、一种认知能力，或者说是一种眼界、视野或意识。所以如果有人对国际事务、国际社会缺乏应有的了解，缺乏思考或批判能力的话，可以说他就是缺乏国际观。[②]

不难发现，国际观作为一种认知活动，是在主客体互动过程中完成并塑造的。“主体的内部世界、主体的本质力量和认知定势对外部世界的有效‘结合’、‘同化’达到什么范围和程度，外部世界的事物和现象就能够在这个有效的范围内和程度上成为对主体有意义的现实客体；反之，外部世界的事物和现象在何种范围内和程度上成为对主体有意义的现实客体，就相应地表现和确证主体的内部世界、主体的本质力量和认知定势对外部世界的有效‘结合’、‘同化’达到了什么范围和程度。”[③] 正是在这种相互结合、同化中完成了国际观的生成与塑造。

综合上述国际观的研究，以观念视角来把握，可以将大学生国际观内涵作如下归纳：大学生国际观是指当代大学生对当今世界国际社会的主要行为体、国际机制、国际体系及其互动关系的现状与未来发展方向的基本判断和总体看法。其中，国际社会的行为体是指能够独立地参与国际事务，并在其中发挥影响的政治实体，包括主权国家、国际组织、跨国公司政党甚

① 宁越敏等：《中国大学生的国际观调查分析》，《世界地理研究》2011 年第 1 期。

② 余玉照：《台北技术学院周会学术演讲稿——青年应有国际观》，驻洛杉矶台北经济文化办事处教育组网 2005 年 9 月 9 日。

③ 夏甄陶：《认识的主—客体相关原理》，湖北教育出版社 1996 年版，第 267 页。

至个人。[①] 国际机制是指各国共同承认的一些规则和约束性制度，国家间的组织活动和财务投入都是按照国际机制进行的。[②] 国际体系是指各个国际社会行为体之间相互影响、相互作用所形成的有机统一整体。大学生国际观的内容，从宏观层面上主要是对这些概念及表现的理解和回答。除此之外，理解大学生国际观，还必须注意其特征。整体来看，当代大学生的国际观具有以下几个特征。

1. 时代性

世界政治发展的历史进程是当代大学生国际观的事实基础。在世界政治的不同时期，因国际体系结构的相对稳定以及国家实力变化的渐进，使得在国际社会中的一定历史时期内总有相对稳定的时代主题。而大学生既是时代的体验者，也是创造者。1919 年 5 月 4 日，参与五四运动的中国大学生正是基于第一次世界大战中巴黎和会列强对于中国主权侵犯的认知，怀揣着对自由、公正的向往，以举行示威游行的方式抗议列强支持日本攫取中国山东的政治经济利益，开辟了中国历史的新民主主义革命阶段。第二次世界大战结束后，和平与发展已经取代战争与革命，成为世界政治的主题。在这个前提下，国际体系随权力结构的变化而呈现出时代特征。从两极格局的形成与瓦解到多极化趋势的深入发展，在国际秩序变化中中国的外交决策影响着同一历史时期的大学生，他们心系国家与世界的未来，在走向全球化的进程中，扮演着不可或缺的角色。当前，中国实现民族伟大复兴的奋斗目标的提出，“一带一路”倡议的实施，打造人类命运共同体的全球治理方案的推进，必

① 李少军：《国际政治学概论》，上海人民出版社 2002 年版，第 91 页。

② 樊勇明：《西方国际政治经济学》，上海人民出版社 2006 年版，第 44 页。

然给置身于开放体系中的当代大学生的国际观，打上深刻的时代烙印。

2. **可塑性**

大学生正处在从幼稚走向成熟的过渡时期，其世界观、人生观和价值观尚未完全定型，可塑性较大。[①] 这是引导和培育大学生国际观的基础。从社会学的角度来看，国际观不是先天存在的，而是被现实社会塑造出来的，是一个基于自身环境、记忆、知识和舆论宣传等互动和相互影响的动态过程，这个过程既形成了具有一定稳定性的观念认知，也产生了相应的行为模式。从大学生的认知特征来看，大学生国际观主体认知过程是主动学习和被动接受双向动态的递进式转化。主动学习是大学生根据自己的成长需要和兴趣，主动对国际问题进行认识、思考和表达的过程。被动接受是受课堂教学、媒体宣传等非主观因素的影响而接受的关于国际问题的相关信息。这样，青年时期对于国内外信息的渴求与被动接受信息相结合，为引导、培育大学生成熟、理性的国际观创造了认知基础。

3. **多样性**

国际观本身就是多面的，包括国家与国家、国家地位、世界格局等现实状况的认识，也包括对过去历史以及未来发展趋势的认识等一系列问题，是由多种认识结构构成的复杂认知系统。而且大学生群体也具有个体差异，其国际观必然是多样的。

4. **复杂性**

大学生国际观无论是构成主体还是内容表现都具有复杂

---

① 戴静：《网络文化对高校德育的挑战及对策研究》，《机械工业高教研究》2002 年第 1 期。

性。不同的大学生个体国际观的表现是不同的，即使相同的人在不同时间、不同层面上国际观也会发生变化，甚至在程度上也有所差异。正如毛泽东所说："在对马克思主义的了解程度上人们也不相同，同一个人在幼年时期和年纪大时对马克思主义的了解也不相同。"① 大学生国际观的内容既可以是抽象的，也可以是具体的；既可以是认知的，也可以是行动的；既可以是情感的，也可以是实践的。

二、大学生国际观的结构

大学生国际观的内涵丰富，涉及多层次多范围的研究对象。因此，系统把握大学生国际观，还需要在结构上予以确定。大致可以划分为实在结构和观念结构两大类。

从实在结构来看，大学生的国际观从纵向上包括了对国际社会中的个人、国家以及国际格局三个层面的总体认知。具体而言，对国际体系的认知主要包括：如何认识当前的世界格局和世界发展趋势，以及包括联合国、世界银行、国际货币基金组织（IMF）在内的国际机制的功能及其变迁。对国家的认知包括：如何认识主权以及主权国家在国际体系中的作用；对世界主要国家在国际体系中的地位的认知。对人的层次的认知主要是如何认识个人在国际社会中的地位与作用。当然，在这一物质结构层次中，还包括非国家行为体（跨国公司、国际组织、地方政府）与国家关系的互动认知。

从横向上包括大学生对国际社会中的政治、军事、文化、宗教等各个层面的基本观念，其中包括几个方面：一是如何认

① 《毛泽东文集》第三卷，人民出版社 1996 年版，第 340 页。

识世界政治中政治、军事、文化、宗教等不同议题在国际关系中的地位和作用。二是如何认识双边、次区域、区域、全球的政治关系、军事关系、文化关系、宗教关系。三是对由这些问题领域引发的国际问题的看法与见解。例如，如何看待中亚水资源冲突对“一带一路”倡议的影响？如何认识难民问题对现代欧洲民主国家治理的冲击？

如果说上述大学生国际观是在纵向和横向上延展主要基于国际社会的实在结构的话，那么涉及价值观念的研究，还需探讨物质结构之外的群体心理变化。据此又可以将大学生国际观从观念结构上划分为以下两个层面。

一是中国大学生对国际社会以及国际社会中中国地位的整体认知，即中国大学生国际观中的世界镜像和中国镜像。简言之，就是中国大学生站在中国立场看世界与站在世界立场看中国所形成的观念。

二是大学生认为国际社会或者他国对中国的认知预判，即他者眼中的自我镜像。这里指的是，中国大学生认为国际社会对中国的认知如何，这与中国大学生对本国的认知是否一致，其中的主要内容是国际舆论对中国大学生国际观的交互作用。一个完整的大学生国际观应当是两者互动的变迁结果。（大学生国际观的结构如图 1-1 所示）

综上所述，从结构的角度来说，大学生对国际社会的横向和纵向上的实在结构及其对国际社会中国镜像、世界镜像的自我感知结构共同构成了大学生的国际观。每一位大学生，都在潜意识中具有自己独特的世界图景与世界政治意向，但这种结构并非一成不变的，而是动态变化的。因此，探寻大学生国际观在国际国内社会机制变迁的背景下，结构和机制变迁所导致的利益关系与影响因素的重构就显得十分重要。

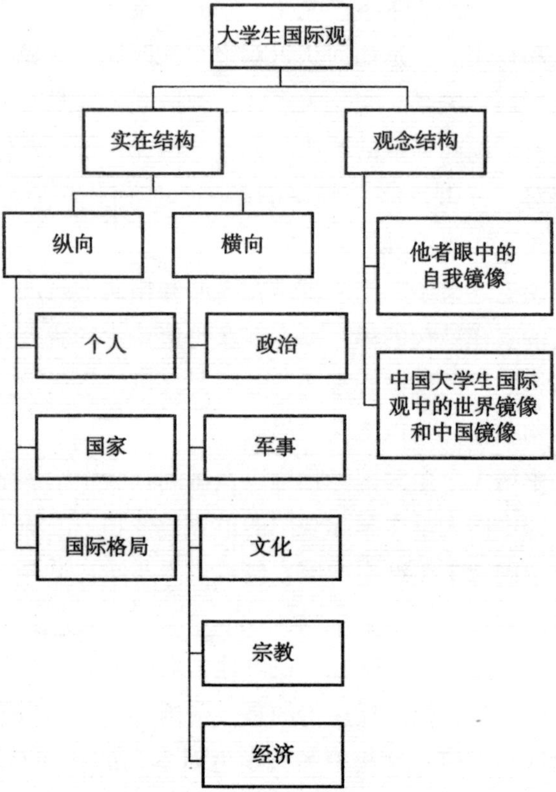

图 1-1　大学生国际观的结构

三、大学生国际观的影响因素

马克思主义认识论认为，人对其外部世界的认识首先是直观的感性认识，由感性认识上升到理性认识，由理性认识再回归到实践。大学生国际观实质上也是大学生对世界的整体认识由感性到理性的阶段性体现，不可避免地受到大学生自身主体思维方式、知识结构、价值观念、生活环境等的影响和制约。

从这一点出发，很多学者已经关注到了教育对大学生国际观的引导功能。例如，李慎明等学者通过调查，发现民众对当年国际形势的认识，对外国国家的了解程度、总体印象，对外国国家国际影响力的判断以及与中国关系的重要程度是影响民众国际观的主要因素。[①] 李鹏和杜谷文认为社会环境、媒体资讯、教育环境、思维价值观是影响青年国际观的四个因素等。[②] 而从隐性与显性相结合的角度来看，大学生国际观的影响因素主要有学校教育、家庭代际传播、国际交流、新媒体传播和国内舆情与公众的政治参与度五种。

1. **学校课堂教育的价值导向**

随着全球化以及中国国际化程度的提高，当代大学生对外部世界的既有认知也随之拓展。全国综合社会调查 2005 年的结果显示，教育与政治的兴趣呈现正相关。研究发现，高等教育与政治兴趣存在密切的关系。根据中国人民大学博士韩冬临所做的回归分析，教育与政治之间存在着显著的联系。[③] 而学校教育在一定程度上起到了塑造学生国际观的认知基础，为参与国际交流与实践活动把握方向，规范行为边界的重要作用。其中，大学课堂是学生获得国际知识最主要的场所，教师授课是学生了解外部世界的主要途径。对当代大学生影响最深的相关课程，按照课程性质以及传授国际知识的效果划分，可以分成以下两类：一是公共课与通识教育对国际观生成的影响；二

---

① 李慎明：《中国民众的国际观》第一辑，社会科学文献出版社 2009 年版，序二第 4 页。

② 李鹏、杜谷文：《两岸青年国际观之特点及成因分析》，《当代青年研究》2010 年第 10 期。

③ 韩冬临：《想象的世界：中国公众的国际观》，社会科学文献出版社 2012 年版，第 79 页。

是专业课程教育的影响。

目前，全日制本科教育体系的课程设置中，有几门课程对大学生国际观的形成与拓展影响最深。一是公共必修课《形势与政策》。该课程是大学生思想政治理论课程的主干必修课程之一，其核心教学内容分为国内政治经济形势与国际政治经济形势两部分，其中，国际形势部分旨在“引导学生认识到我国作为最大发展中国家，始终践行中国特色大国外交理念，致力于为国内建设服务，为全球经济引航，为地区发展出力，为世界和平担当”。以教育部印发的《2017 年下半年高校“形势与政策”教育教学要点》为例，国际“形势与政策”教学要点包括“了解当前国际格局特点；认识大国关系发展趋势；关注热点问题演变动向；把握外交工作主要方向”四个方面的主体框架。同时，在授课内容上，要求教师重点阐释“和平、发展、合作、共赢的时代潮流更加强劲；中国国际影响力显著上升；美俄关系僵局难解；中东局势深刻演变”等国际社会正在发生的热点问题，以及国际体系的悄然演变。[①]

二是《当代世界经济与政治》。该课程是教育部规定的全国高校马克思主义公共理论课。“这门课程具有很强的综合性、现实性和政策性。教材以第二次世界大战后至今世界经济与政治的发展变化为主线，对当代世界政治、当代世界经济、当今时代主题与国际秩序三大全球性问题进行宏观概括和综合分析，对发达资本主义国家、社会主义国家、发展中国家等不同类型国家和地区的经济与政治进行分类研究和介绍，对世界主要战略力量的对外战略以及中国的国际地位和对外关系进行

① 参见教育部印发的《2017 年下半年高校“形势与政策”教育教学要点》。

重点研究。”①

目前，《形势与政策》和《当代世界经济与政治》两门课程，在思想政治理论考试特别是全国硕士研究生入学考试100分的试卷中，约占16分，是主要的考察内容之一。

与上述两门课程旨在向大学生介绍当代世界国际体系变迁一脉相承的是，《中国近现代史纲要》从另一侧面介绍了中国与国际体系的历史互动，其中包括以鸦片战争为起点融入资本主义体系，1919年五四运动期间与世界列强核心大国争取民族权力的努力，到第二次世界大战期间作为东方主战场为世界反法西斯运动作出巨大贡献，再到两极格局下中国外交的抉择。课程更多以中国历史为主线，描述了近代以来中国视角与当时国际体系的互动过程，为学生了解现代国际体系作历史铺垫。

类似的课程还有《军事理论》。该课程以国防教育为主线，紧紧围绕人才培养的需要，使大学生认清国防与国家安危存亡、民族荣辱兴衰的密切关系，增强国防观念和国家安全意识；了解国际形势及其对我国安全构成的威胁与挑战，明确自己所担负的历史责任。其中的核心章节对于国际战略环境的讲述，为帮助大学生准确分析国际战略格局及中国周边的安全形势奠定了基础。

如果说上述教学课程设置属于显性地构建国际观知识体系的话，那么还有一些课程属于隐性传递国际文化，客观上参与了大学生国际观的塑造过程。例如，大学英语在教学过程中丰富了学生对英美文化的理解。专业课程的国际前沿研究概况帮助学生了解世界各国在不同专业领域中所处的位置与交流情

① 李景治、林甦主编：《当代世界经济与政治》，中国人民大学出版社2016年版，序言第1页。

况。这些课程的学习过程，也是对大学生国际认知的一种补充，丰富了大学生对国际社会的认知与想象。

可见，国家教育体系一直在有意识地、有重点地、比较全面地通过丰富的课程设置与教学导向，为培育当代大学生的国际观，准确把握国际形势，进而形成对国际突发事件的独立判断作出实际努力。此举的目的是把对国际社会、周边国家关系、大国关系这些基础知识的主观渴望，与课程考察考试的客观压力，以及部分研究生入学的进一步深造需求有机结合，共同构成大学生学习了解国际社会基础知识，并在此基础上形成一定的知识结构的核心驱动力，促进大学生国际观生成常识基础，或者进一步发展成对国际社会认知的独立价值体系。

但也应当看到，大学生学习过程中的主动性不足，将极大制约学校教育的效果。这是由于部分大学生进入大学之前更多的是满足应试教育的需要，偏重理工类，对涉及国际观的文史类不够重视，出现了对政治、历史包括马克思主义国际理论缺乏学习主动性的现象，对国际问题兴趣不足，因而其国际观属于被动输入而非主动习得，国际认知多为零散知识，国际观总体呈碎片化态势。

2. 家庭代际传播影响

个人价值观会受到家庭代际传播影响。大学生进入青年阶段后，其价值观与原生家庭的亲密抑或疏离、教养方式以及父母受教育情况、甚至主动传递价值信息的方式与内容密切相关。[①] 大学生国际观的形成过程中，家庭代际传播影响不可忽视。其中，长辈的国际观通过家事叙述、家庭讨论、口述

① 黄丽丽：《探究价值观的代际传递内容及其机制》，华东师范大学硕士学位论文，2008 年，第 9 页。

长辈亲历的中国外交与国际事件等各种形式，呈现个人命运与国家外交决策之间的生动互动，从而形成对国际关系的当代历史感。例如，20世纪90年代出生的大学生，其父母大多处于20世纪60年代出生的年龄层，可以感受甚至体验中美建交时代变革，以及东欧剧变、苏联解体的国际震荡。而其祖父母辈对毛泽东、邓小平时代的外交抉择更为熟悉。这些亲历的时代体验，构成家庭口述史学的一部分，与学生书本知识中习得的世界政治经济知识相融合，为大学生国际观的形成构成一种微观潜在的形象体验。

当然，价值观的代际传播效果并不总是积极稳定的，它受到传播者的意图、性别、知识结构与受教育程度、职业等各种因素的影响。简单地说，父母是外交官的大学生的国际观可能与父母是医生、警察、教师的大学生存在显著差异。同时，诸多研究表明，由于在家庭中所扮演的角色不同，父亲更倾向于向孩子输出价值观。① 从性别特性出发，男性对于权力、政治、国际新闻的关注度远高于女性。这导致在整个家庭结构中，父亲传递国际观的意图和能力通常强于母亲。同理，男性长辈的国际观对后代具有更多的影响。值得注意的是，家庭之间代际传播国际观的效果并不总是会得到正面的反馈，这与后代与家庭成员关系的亲疏、家庭信任度以及家庭管理的威权模式也有关系。

3. 国际交流活动的实践体验

全球化改变了传统意义上时间和空间的概念，它在高等教育领域显著表现为过去20年跨国求学的学生数量迅速增长。越来越多的学者开始思考教育国际化的意义，探讨国际教育所

---

① 黄丽丽：《探究价值观的代际传递内容及其机制》，第17页。

附带的新的道德与社会责任的同时，也应当关注国际化教育给中国大学生带来的观念影响。[①]

2014 年 2 月，教育部出台了《中国特色新型高校智库建设推进计划》，以更好地发挥大学服务国家在经济、政治、文化、科技、军事、能源等各个领域的决策咨询作用。在“一带一路”背景下，国内大学与沿线国家大学开始了交流与合作，旨在培养具有国际化视野和交流能力的人才和留学生，为大学的智库建设提供人才储备。通过“一带一路”项目，国内一批高校开始构建国际学术网络，引进海外智库的专家和学者来华工作，共同开展国际合作研究项目，推进国内大学智库与沿线国家智库的交流与合作。[②] 2017 年，国家留学基金委仅国际区域问题研究及外语高层次人才培养项目和政府互换奖学金项目就计划选派 2300 人，选派类别包括访问学者、博士后、赴国外攻读博士学位的研究生、联合培养的博士生、赴国外攻读硕士学位的研究生、联合培养的硕士生、赴国外攻读学士学位的本科生和本科插班生。2017 年选派 9500 人。[③] 另据《中国留学发展报告（2017）》显示：出国留学学生偏向低龄化，中学留学生增长速度超过攻读学位学生和交换学生的增长速度。超四成美国国际中学生来自中国，而中国留学生在加拿大、澳大利亚国际中学生中的数量占比已过半。

在这样的背景下陕西省大学国际交流与合作也逐渐深入。2018 年度陕西高等教育国际合作交流稳步推进，各层次高校

---

① 田美、杨瑞英：《高等教育国际化与“国际化”个人——美国学生在华留学生经历研究》，《复旦教育论坛》2012 年第 4 期。

② 刘艳红：《“一带一路”背景下的大学国际交流与合作》，《黑龙江高教研究》2016 年第 3 期。

③ 《2017 年国家留学基金资助出国留学人员选派简章》，国家留学网 2016 年 12 月 12 日。

在中外（含内地与港澳台）合作办学、师生联合培养、参加或举办国际会议等领域均取得良好发展。其中，部属高校招收来华留学生（学历生）总人数为 5026 人，举办或在校师生参加国际会议 1938 项，中外（含内地与港澳台）合作办学在办项目或机构 10 个，师生联合培养和国家或单位公派人数一共 6006 人，与港澳台地区高校师生交流 716 人次。①

大量的国际合作项目给大学生了解国际社会、拓展国际视野提供了新机遇。由此带来的国际传播与文化交流包括以下两方面。

一是来华留学生以及教师对其社交范围内学生的影响。随着大学国际化程度的提高，外籍教师与留学生的数量也逐渐增加，这些“跨文化交流者”，大多基于本国经验，与中国大学生的国际观大相径庭。在教与学的过程中，文化差异与文化距离导致交流不畅，同时也使大学生产生了对他者文化的好奇心，这成为他们获得国际知识的初始动力。而大学生是反应最敏捷、接受新事物最快的群体。与外籍教师的接触使其对外部信息的认知拓展，经过与自身既有知识的整合与判断，从而更新、调整或者是修正既有的国际观。值得注意的是，这种跨文化传播国际观的影响，并不总是正向的。当涉及中国与世界的关系、国外对中国的负面评价时，如果没有正确的引导，可能会导致大学生产生挫败甚至偏激的情绪，也会产生信仰危机。

二是学生参与交换项目获得的实践体验。海外留学生，从留学的生存与发展需求出发，需要尽快融入当地文化。因此，在海外学习的过程中，受环境影响，对留学国家的国际文化耳濡目染，其国际观尤其是留学国家的认知或多或少会带有西方文化的印记，

---

① 《2018 年度陕西高等教育国际合作交流情况》，陕西省教育厅网站 2019 年 5 月 14 日。

有些甚至可能不乏某种误解或偏见。因此，出国交流对大学生的国际观影响最为直接。但值得肯定的是，在研究中国留学生回流问题时，西方学者始终保持相对的慎重与理性。①

陈思指出，留学生出国后更爱国。他认为，一个人的个人认同和自尊与社会身份紧密相连。少数群体的成员比多数群体的成员对群体的敏感性更强。因此，留学生对于民族和国家的身份认同较之国内大学生更为强烈。同时，在美留学生到美国后会觉得美国媒体对中国是有偏见的，进而使得他们自身也很难融入美国社会。因此，留学生群体更容易被激发出民族认同感，并且更迫切地希望看到中国的正面形象。②

4. 新媒体传播机制

媒体的新闻传播机制与公众的政治成熟度是影响国际观的重要因素。③ 尤其是互联网的冲击“使产生于不同地域、民族、背景中的各种文化，打破了地域、交通、传媒等诸多限制，加深了交流与融合，形成了各种文化的共享局面”④。一方面，信息全球化促进了当代大学生与世界的融合，拓展了大学生的信息接收渠道。作为传播受众的大学生易于形成一种世界意识与“世界公民”的观念，加深了他们对全球问题，如人口问题、资源问题、环境和生态问题的理解。另一方面，互联网的开放性、互动性与平等性特征，提高了信息传播的速度。特别是进入 Web 2.0 时代后，全球资讯在瞬间跨越国界，

---

① 高子平：《西方学者视野中的中国海外人才回流》，《国际关系研究》2013 年第 2 期。

② 陈思：《不同制度环境下的大学生民族主义价值观——基于对中国高校学生与在美留学生的比较研究》，《河南社会科学》2018 年第 6 期。

③ 韩冬临：《想象的世界：中国公众的国际观》，第 43—44 页。

④ 周可卫：《互联网对大学生价值观的影响及应对》，《中国青年研究》2010 年第 3 期。

开启了以信息战为主要内容的国与国之间网络安全、舆论控制、社会动员等全方位的竞争，改变了国际关系的交往模式。这使得掌握英语的当代大学生群体成为各国舆论争取的阵地。例如，美国 CNN Student News 一栏，向全球学生播报国际时讯，输出美国的价值观。这些信息将随着大学生对互联网的使用普及全球，与国内各种思想在网络世界相互激荡和交融，导致大学生国际观的渐变。特别是互动与直播媒体兴起后，这一进程随着指数增长级的传播效果日益加速。应当注意到，目前，西方各种敌对势力、反华势力对我国实施西化、分化、丑化，不遗余力地进行思想误导、价值渗透和形象诋毁。虚拟的网络世界极易使大学生对极端自由和无政府主义产生认同。而国际形势的瞬息万变对我国或多或少产生了思想冲击，特别是随着中国国力的提升和外部环境的恶化，互联网上狂热的民族主义情绪可能会影响大学生正确理解中国现有和平与发展的外交政策，甚至转化为片面或极端化理解国内现有矛盾，对中国所走的和平发展道路产生质疑。

因此，网络的虚拟性、传播的迅速性、信息容量的超大性使网络对大学生国际观形成与认知具有越来越明显的作用。这给塑造大学生积极健康向上的、正能量更强劲的、成熟理性的国际观带来了挑战。

5. 国内舆情与公众的政治参与度

公众是推动国际政治发展的重要力量。国内公众对战争与和平的基本判断，会在国际传播全球化的进程中，导致群体的“预期性焦虑”，成为公民关心时事、参与国际政治活动的初始动力。公民中的部分社会精英通常会主动传播各种思潮，试图通过社会动员影响全球经济、政治、社会问题的发展。这构成了个人政治生活中的“微环境”。当突发事件出现时，社会系统的复杂性和偶然性可能造成对于国际社会的“蝴蝶效应”。苏晓龙认为，国际规范、国内外环境和中国的传统文化及历史经历都将影响国际意识的形成。[①] 因此，国内公众对国际社会舆情的评价、国际事务的整体导向将构成影响大学生国际观的舆论环境。这种影响力也随时可能被系统激荡、放大，在地区或国际社会中产生共振，导致连锁反应。而大学生有着强烈的社会责任感和爱国热情，他们高度关注国家大事和民族利益，对国际时事的变迁中的国家外交政策寄予期望。当国内公众对国际政治参与度高时，大学生群体也通常会受环境影响重新判断国际政治中的安全与威胁来源，重新构建个体地缘政治图景，甚至参与到国际政治活动中。

正因如此，通过对国际政治的参与，会使大学生在国际比较中充分认同中国特色社会主义的制度模式，增强对社会主义和共产主义事业的信心，形成为实现中华民族伟大复兴中国梦而努力奋斗的正确认知和理性选择。

---

① 苏晓龙：《当代中国国际意识的变迁与国家认同的重构》，山东大学博士学位论文，2009 年，第 29 页。

第二章

崛起的回应：中国快速发展与国内外舆论变化

一个发展中大国经济持续发展、实力不断积聚，自然会对国际政治格局与秩序产生重大影响。美国学者罗伯特·劳伦斯·库恩（Robert Lawrance Kuhn）认为："30 年的改革开放，将中国从国家贫弱、人民困苦、孤立于以西方国家为主导的国际体系的境况，变为国家欣欣向荣、人民充满干劲、经济突飞猛进、广泛参与重大国际事务。完全可以认为，中国发生了历史上最令人感到惊讶的转型。"① 近年来，中国在世界事务中的影响力越来越大，许多学者认为中国的经济发展已经使整个世界的格局发生了变化，对中国的关注度也越来越高，"中国崛起"② 成为学界热议的话题。出于各自不同的利益考量和思维定式影响，学界对中国快速崛起的认识和反应表现出较大的差异。目前，国内外学者对中国快速崛起的解读主要沿着以下

---

① ［美］罗伯特·劳伦斯·库恩：《中国 30 年：人类社会的一次伟大变迁》，吕鹏等译，上海人民出版社 2008 年版，第 1 页。

② 学术界和海外媒体一般使用"中国崛起"，在中国官方正式表述中使用"和平发展"。党的十九大提出了强国战略，仍强调中国作为世界上最大发展中国家的国际地位没有变，力图尽量避免因概念的刻意曲解而使中国成为西方国家的敌对目标，但两种表述实际都在描述中国在没有采用西方政治经济制度模式下通过改革开放而取得的历史性变化。

三个方面展开，形成了不同的舆论环境。

一、中国快速崛起的现实与原因探讨

多年前美国耶鲁大学教授保罗·肯尼迪（Paul Kennedy）就指出："经济力量的转移预示着新大国的崛起。"[①] 并预言，如果形成了宏伟的、思想连贯的、富有远见的战略，保持经济发展持续上升，中国将在几十年内发生巨大变化。改革开放40多年来，中国已经成为世界第二大经济体、第一大工业国、第一大货物贸易国、第一大外汇储备国。40多年来，按照可比价格计算，中国国内生产总值年均增长约9.5%；以美元计算，中国对外贸易额年均增长14.5%。中国人民生活从短缺走向充裕、从贫困走向小康，现行联合国标准下的7亿多贫困人口成功脱贫，占同期全球减贫人口总数的70%以上。[②] 按照国务院总理李克强在《2019年国务院政府工作报告》中对2018年的工作回顾，2018年中国国内生产总值增长6.6%，总量突破90万亿元，继续维持了世界第二大经济体[③]，中国的发展举世瞩目。而早在2005年，英国《泰晤士报》就发表了文章《这是中国的世纪》，文章指出，美国虽然是目前地球上最强大的国家，拥有最发达的国防技术，然而正在改变全球经济的却是中国而不是美国。作为一个制造商兼出口国，中国的经济发展正在改变全球供应关系的格局：美元和欧元的前景、石油

① ［美］保罗·肯尼迪：《大国的兴衰：1500—2000年的经济变迁与军事冲突》，陈景彪等译，国际文化出版公司2008年版，第9页。

② 习近平：《开放共创繁荣　创新引领未来——在博鳌亚洲论坛2018年年会开幕式上的主旨演讲》，新华网2018年4月10日。

③ 李克强：《政府工作报告》，《人民日报》2019年3月17日。

价格、工业产品、全球股票市场、债券价格、世界贸易以及世界发展将全都取决于中国。[①] 国际货币基金组织在 2007 年的《世界经济展望》报告中指出，中国已成为对全球经济增作出最大贡献的国家。[②]

美国知名独立性的民调机构皮尤研究中心（Pew Research Center）2013 年 7 月针对 39 个国家 3.8 万受访者进行的调查显示，越来越多的人认为，中国将最终超越美国，成为主导全球的超级大国。调查报告称，每三名中国人就有两名认为中国将会取代美国成为顶尖超级大国，而持这一看法的美国受访者比例也达到 47%。[③] 2017 年 7 月皮尤研究中心发布的另一份调查报告标题为《全球范围内，多数国家认为美国而不是中国是世界经济领导强国》，副标题却为《但美国的部分盟友和贸易伙伴不这么看了》。[④]

面对欧盟国家深陷债务危机以及美国经济的持续低迷，探索中国崛起之路成为国内外学者研究的热点，研究者试图寻找中国发展的奥秘，解释中国发展的原因，不仅为西方经济甚至为世界经济的复苏开出良方。这些研究非常重视经济、政治、文化等力量在国家崛起中的作用，因此基本上可以归结为经济、文化、政治三个方向。

---

① William Rees-Mogg, "This is The Chinese Century", *The Times*, 03 January 2005.

② 国际货币基金组织：《世界经济展望：全球化与不平等》，杨冠一等译，中国金融出版社 2007 年版，第 1 页。

③ America's Global Image Remains More Positive than China's but many See China Becoming World's Leading Power，皮尤研究中心 2013 年 7 月 18 日。

④ Globally, More Name U. S. Than China as World's Leading Economic Power, but Balance Shifts in eyes of some Key U. S. Trading Partners and Allies，皮尤研究中心 2017 年 7 月 13 日。

1. 经济方向的原因归结

美国著名国际关系和国际政治经济学学者罗伯特·吉尔平（Robert Gilpin）认为："一个现代化的国家通常会同时赢得财富、人口和工业实力，以及政府组织效率的增长。由于这些是国家权力的三个主要决定因素，所以它们的提高不可避免地导致了某个特定国家的权力大大增长。"① 因此，一些学者从全球化和投资的角度进行分析，认为人口红利效应以及打开国门，抓住西方产业转移的机会，成为拉动中国经济增长的重要力量。这些学者表示，中国在改革开放40多年的过程中，由于经济发展水平总体较低、底子薄、基数小、增长空间大，而人类社会已经创造出的大量技术和经验可以引进借鉴，特别是中国劳动力数量多、成本低，土地和其他自然资源成本也偏低，庞大的人口、广阔的市场和全面参与国际分工都是中国获得快速发展的重要原因。

美国社会学家怀默霆（Martin King Whyte）认为中国当时的人口政策增加了人口基数，这扩大了劳动力相对总人口和受教育者的规模，劳动密集型消费品企业和服务的增长推动了中国经济的快速崛起。② 一些学者的研究更是细致到具体的经济措施，甚至认为国有土地有偿出让是中国奇迹的根源。③ 美国哈佛大学教授杰弗里·萨克斯（Jeffrey Sachs）强调人口由农业向工业的流动过程中，各类产业都将获益，特别是新产业中

---

① ［美］罗伯特·吉尔平：《世界政治中的战争与变革》，宋新宁、杜建平译，上海人民出版社2007年版，第158页。

② Martin King Whyte, "Paradoxes of China's Economic Boom", *The Annual of Sociology*, Vol. 39 (July 2009), p. 371.

③ Donald H. Straszheim, "China Rising", *World Policy Journal*, Vol. 25, No. 3 (March 2008), p. 157.

面向出口的劳动密集型产业。农村缺乏社会保障措施促进农民进入城市在新的非国有企业中工作，从而加快改革速度。①

部分学者则认为出口导向型的增长模式是中国崛起的主要推动力。中美经济与安全评论委员会首席经济学家托马斯·帕利（Thomas Palley）认为中国在展开以市场为中心的经济活动的同时，实施了明确的内部和外部的资本积累。外部资本积累依赖于外国直接投资和出口导向增长，内部资本积累依赖于国有银行对国企的信贷支持和对基础设施的投资②。吴延兵、刘勇、林毅夫和孙希芳等国内学者又从技术、人力资本、基础设施、国际直接投资（FDI）、金融发展水平等方面进行分析，认为中国经济快速发展有其自身的独特性。

2. 文化方向的原因探讨

文化方向则试图从中国文化传统等领域寻找中国成功的历史密码。现任联合国开发计划署非洲区域局的政策专家、前中英可持续发展对话的国家协调员霍恩-法萨诺塞·里奥（Leo Horn-Phathanothai）认为，相对的文化趋同，即中国核心的儒家文化将长治久安和维持社会和谐置于个人利益之上的价值体系，为中国经济上的成功提供了支撑。③ 复旦大学特聘教授张维为认为中国的崛起不是一个普通国家的崛起，而是一个五千年连绵不断的伟大文明的复兴，是一个人类历史上闻所未闻的

① Jeffrey D. Sachs & Wing Thye Woo, "Understanding China's Economic Performance", *National Bureau of Economic Research*, Vol. 4, No. 1 (February 1997), p. 50.

② Thomas Palley, "External Contradictions of the Chinese Development Model: Export-led Growth and the Danger of Global Economic Contraction", *Journal of Contemporary China*, Vol. 15, No. 46 (2006), p. 69. 转引自潘世伟等：《中国模式研究》，上海社会科学院出版社 2016 年版，第 24 页。

③ 里奥·霍恩：《中国模式背后的真相》，《海外经济评论》2008 年第 32 期。

超大规模的“文明型国家”的崛起。[①] 中共中央党校教授陈曙光认为，“中国奇迹”的背后在于文化资源的支撑，这种文化力量，源于马克思主义的价值立场和社会主义的价值追求，以及中国传统文化的优秀基因。[②] 国际关系学院副教授刘晓英借用李泽厚所总结的“实用理性”概念，从历史观、具体实践、中庸思想、实践精神、包容心态五个方面，指出在实用理性指导下的中国人的价值观念、生活原则和实践方式已成为中国人的一种文化集体无意识和深层的心理结构，文化因素对中国崛起有着至关重要的作用，强调中国的崛起与传统文化中“实用理性”内在持久的生命力和影响力是密不可分的。[③] 山东大学政治学与公共管理学院院长贝淡宁（Daniel A. Bell）认为，儒家学说对“贤人政治”理念的强调和家长制的作风是中国崛起的文化资源，中国未来的政治发展模式也将是“贤人政治”和西方民主价值观念的混合物。华东师范大学博士何家伟认为，从中国现代化进程分析，中国文化的自我更新与重构就是适当借鉴西方文化的传统文化精华融入了马克思主义理论，并在马克思主义思想的指导下，逐渐产生了具有中国特色的社会主义文化，这是支撑中国崛起的内在因素。[④]

还有一些学者认为中国人勤劳、节俭、储蓄率高，这些传统的文化生活习惯、行为方式为投资积累提供了巨大资本。一些学者强调中国对教育和研发的投入为中国崛起提供了丰厚的

---

① 张维为：《中国震撼：一个“文明型国家”的崛起》，上海人民出版社2011年版，第1—2页。

② 陈曙光：《大国复兴》，人民日报出版社2018年版，第90—91页。

③ 刘晓英：《实用理性：影响中国崛起的内在文化因素》，《国际关系学院学报》2012年第3期。

④ 何家伟：《文化支撑与中国崛起》，《学习月刊》2018年第8期。

人才储备和智力资源。例如，耶鲁大学教授杰弗里·加滕（Jeffrey E. Garten）认为中国培养的理工科博士以每年 14% 的速度增加，在美国的大学，有 25% 的理工科博士学位都授予了中国人，中国的研发重点包括超大规模集成电路、电脑软件和信息安全系统，对尖端科技领域和人才的重视是中国经济突飞猛进的关键。① 而海南大学教授张尔升提出了比较独特的观点，他构造了一个文化—语言—制度—经济增长的分析框架，认为改革开放提高了海洋文化的地位，使海洋文化迅速扩展，海洋文化的扩展改变了中国社会的话语生态，催生了崭新的公共政策话语，进而促进经济的增长。中国的崛起是海洋文化扩展的结果。②

3. 政治方向的原因论述

政治方向的研究则集中在政治改革因素上。张维为就一再强调中国今日的迅速崛起离不开中国所进行的大量“相对较小规模的政治改革”。③ 中国采取的是“稳健改革模式”，其最大特点是大规模经济改革，辅之以必要的政治改革，为经济改革铺平道路，最终落实到民生的显著改善。④ 他认为中国没有照搬别人的模式，而是坚持了自己的道路，特别是中国自己的政治制度，在此基础上，中国发展才取得突破性进展。

---

① Jeffrey E. Garten, “The High-Tech Threat From China”, *Bloomberg BusinessWeek*, 31 January 2005.

② 张尔升、明旭、徐华：《海洋文化扩展与中国崛起》，《上海财经大学学报》2018 年第 3 期。

③ 在对中国崛起的政治分析上，复旦大学教授张维为有一系列的论文和著作涉及这方面的探讨。如“思考中国三部曲”系列（《中国震撼》《中国触动》《中国超越》），还有一大批专题学术论文以及评论。

④ 张维为：《改革开放 40 年，成功秘诀何在》，《环球时报》2018 年 8 月 2 日。

美国芝加哥大学教授罗伯特·福格尔（Robert William Fogel）认为中国官员接受学者新思想，学者也可以参与到决策中，地方与中央、学者与决策群的积极互动极大地影响到中国经济的发展，使中国经济运行在国家宏观调控下更加理性。① 弗朗西斯·福山认为中国政治体制优点明显，最大的优点即能够迅速做出复杂的决定，在经济政策特别是在基础设施建设方面，用以满足工业发展的需要。中国政府认为对人民负有责任，因此其工作的质量高于独裁政府，中国共产党努力了解民众的需求和不满，并据此调整政策。② 沈大伟则提出中国政治体制形成了一种混合体制，并与中国传统文化相结合，这种体制非常具有适应力和弹性，也有很大发展潜力。③

这些学者普遍认为国家管控放松，为乡镇和私营企业的发展创造了新的环境，同时，工业产值和出口大幅度增长，还带来了新的资源投入教育和人力资本领域，政治改革的成功是中国崛起的关键因素。从态度上来看，这些学者都是从政治发展的积极角度讨论中国崛起，但也有一些国外学者从消极方面看待中国崛起的政治因素。

当然，无论是正面的赞扬还是反面的指责，其实都在说明中国崛起得益于中国采取了有效的政治体制改革这一事实。

学界承认，面对中国日益崛起的现实，无论经济、文化还是政治改革，这些条件和原因并不是单独作用的，而是相互配合和共同作用的，从而促成了人类历史上未曾有过的人口大国

---

① Robert William Fogel, "Why China's Economy Will Grow to $ 123 Trillion by 2040", *Foreign Policy*, No. 177 (January/February 2010), p. 70.

② ［美］弗朗西斯·福山：《美国民主没什么可教给中国的》，《求是》2011年第4期。

③ ［美］沈大伟：《中国共产党：收缩与调适》，吕增奎、王新颖译，中央编译出版社2011年版，第4页。

经济长时期高速增长的奇迹。

二、中国快速崛起与国内舆论变化

大学生的国际观反映的是大学生对于国际事务的态度。国际格局与国际关系的变化问题是马克思主义国际观理论长期关注的重要理论问题，由于存在知觉错误，使得大学生国际观在许多国际格局和国际关系的变化问题上的判断似是而非，甚至有着偏激的理解。这种偏差是主客观原因合构所致的曲解或错位解读，主观原因表现在大学生自身的知识水平、物质条件、生活经历、政治态度和身份认同等方面，客观原因在于“对象物在被描述时存在信息呈现不完整、不客观、存在歧义或技术性障碍等具体的制约因素”①。大学生国际观往往受到国内舆论的影响。因此，有必要就一些国内舆论作出分析。

（一）中国形象的展示

无论怎样衡量权力，国家间平等的权力分配都是相对罕见的。更多时候，不均衡的增长意味着一些国家将会崛起，其他一些国家将会衰落。当一国的资源具有压倒性优势时，观察家们通常将这种形式称为“霸权”，霸权转移是战争的重要起源。美国著名学者约瑟夫·奈（Joseph S. Nye）在其著作《权力大未来》中写道：“很多历史学家将削弱了欧洲世界中心地位的第一次世界大战归因于德国权力的崛起和由此在英国造成的恐慌。正如一位政治学家所言：‘霸权战争通常是由对最终

① 孙祥飞：《中国形象：历史演进及跨文化传播路径》，社会科学文献出版社 2017 年版，第 3 页。

衰落的恐惧和感知到的权力削弱所引发的。’一些人预计，21世纪中国的崛起将会给美国造成相似的影响。”① 很多美国学者认为，中国并不一定会威胁美国的利益，但美国极有可能对中国，而不是其他国家开战。特朗普上台后，对中国采取了贸易战的方式，实际上部分地接受了美国学者的观点，那就是中国必然会走强国必霸的老路，会掉入“修昔底德陷阱”，但约瑟夫·奈不赞同这种看法，认为拥有优势资源的国家与崛起国家间的战争并非不可避免，并提醒中国：“在硬实力提升的同时努力增强自身吸引力，中国的目标在于减少周边邻国对其实力崛起的恐惧，并削弱它们联合起来抗衡中国实力的倾向。”②

事实上，按照约瑟夫·奈的观点，新兴大国能否和平崛起，一方面是崛起国自身的选择，其选择由自身权力、满意度、意图以及风险倾向所决定；另一方面会受到霸权国以及周边国家政策的影响，如果这些政策过于严苛，过度挤压崛起国的发展空间，无视崛起国的合理需求，势必会使崛起国选择极端方式，所以霸权国以及周边国家的合理政策能影响或引导崛起国采取温和的崛起方式。

因此，破解西方对中国的种种猜疑和误解，关键在于中国能否向世界说清楚“我是谁”“我给世界带来的是什么”，从而展示一个追求世界持久和平与共同发展并能积极推动全球治理体系完善的国家形象。一般而言，国家形象是国内外公众对一个国家在世界体系中的总体认知与态度。它不仅表现为国内民众对该国的总体认知与态度，更表现为国外民众对这个国家的总体印象与评价。

---

① ［美］约瑟夫·奈著，王吉美译：《权力大未来》，中信出版社2012年版，第207—208页。

② 同上书，第289页。

美国《华盛顿邮报》专栏作家罗伯特·塞缪尔森（Robert J. Samuelson）2010年2月15日在一篇题为《中国“老子第一”世界观背后的危险》的时评中写道，中国的经济从1978年起迅速增长，美国人希望随着中国的富强，中国的价值观和利益会逐渐接近美国，但是，事与愿违，已经崛起的中国一面高谈稳定压倒一切，一面不断重提被列强欺辱的历史。中国正在形成“中国第一”的世界观，这与美国当年的“孤立主义”不同，美国当年的“孤立主义”表现在拒绝参与世界事务，而中国表现为当世界秩序有利于自己的时候就参加，不利于自己的时候就退出。中美两国很可能因贸易和汇率产生的摩擦加上政治制度的差异，由于偏见和政策失误走上一条不归路。[①]塞缪尔森的观点代表了美国相当一部分学者的观点，认为中美关系出现的波折在于中国自身形象的定位。但问题在于，中国形象在国际上时常处于“他塑”的被动位置，“西方发达国家凭借其在经济、军事、科技等方面的强势，在许多公开场合动辄以‘代言者’的身份出现，使得西方话语体系俨然成为世界的‘流行话语’；而广大发展中国家话语权则呈现出一种显而易见的话语权缺失态势”[②]。中国形象的认知与表达出现了严重障碍，“中国形象的‘含混’和‘失语’，在一定程度上也导致了西方的舆论机制将中国形象‘定型’，使中国形象处于‘被塑造’的不利境地”[③]。因此，中国开始意识到设定国际议题的重要性，为扭转这一不利局面，就需要对中国形象在

① 潘世伟等：《中国模式研究》，第17页。

② 檀有志：《国际话语权竞争：中国公共外交的顶层设计》，《教学与研究》2013年第4期。

③ 孟建：《中国形象不能被“他塑”为“沉默对话者”》，《中国社会科学报》2011年11月8日。

国际社会进行积极展示。这种积极展示主要体现在“一带一路”倡议的有效推进和人类命运共同体的共同构建。通过对这两方面“中国方案”的具体说明，有利于帮助大学生准确理解中国的外部表现，完整把握中国对外形象，从而树立正确的国际观。

1. “一带一路”倡议的认知考量

21 世纪以来，中国的综合国力迅速提升，已成长为仅次于美国的世界第二大经济体，对地区和国际政治经济事务的影响日益显著。由此产生的第一个结果就是，中国对自身在地区和全球治理中作出更大贡献有了更多的信心，对体现与自身实力相适应的国际地位与话语权有了更迫切的需求。

改革开放以来，由于自身国力的限制，我们的主要精力用于国内经济建设，对外关系的主基调是“韬光养晦，有所作为”，且更强调“韬光养晦”。近年来，伴随着中国综合国力和国际地位的显著提升，中国与世界的关系发生了很大的变化。国际社会对中国的期待加大了，而中国动员和运筹对外关系的资源、手段更加丰富，塑造外部环境的能力也显著提高。以国家实力为依托，中国特色大国外交在继续坚持“韬光养晦”的同时，也日益呈现出“有所作为”的一面。具体而言，中国越发广泛而积极地参与到国际和地区事务中，更加主动地设置战略议题，为解决各种热点问题、促进区域和全球合作发展发出中国声音、贡献中国智慧、提出中国方案、体现中国作用，强调为国际社会提供更多公共产品。

当前，全球治理体系和规则正在面临重大调整，国际金融危机深层次影响继续显现，全球性挑战日益增多，各国面临的发展问题依然严峻。在此背景下，中国有责任为促进全球发展合作、完善全球治理体系提出自己的方案，这就是“一带一路”倡议。

共建“丝绸之路经济带”与“21世纪海上丝绸之路”（简称“一带一路”）成为21世纪联系亚非欧的政策、贸易、设施、资金、人心的跨地区合作模式，它既有别于古代丝绸之路单方面的贸易输出，也不同于美国在第二次世界大战后对欧洲推行的“马歇尔计划”，而坚持共商、共建、共享的原则，超越了近代殖民主义、帝国主义、霸权主义。“一带一路”倡议反映了中国在全球治理体系变革的关键时刻所作出的重大战略抉择，它既是新时期促进全球发展合作的“中国方案”和公共产品，也是中国进一步提升自身国际地位和制度性话语权所作出的主动布局，具有21世纪融通中国梦与世界梦的未来担当。

作为当代大学生，要对中国“一带一路”倡议有正确的理解，“一带一路”绝不是要和美国争夺世界霸权的举措，也不是完全由中国一家主导，它是中国在综合国力增强和发展方式转型两大背景下，基于国际和国内最新形势发展作出的重大战略决策，集中反映了中国对新型国际关系的构想。在理念上，它以合作共赢取代对抗独占；在推进中，它以促进沿线国家最急需的基础设施互联互通和工业化为两大优先突破口，并将中国自改革开放以来积累的宝贵发展经验与沿线国家分享。

另外，中国的崛起需要回应外部世界的疑虑和期待。外部世界对中国崛起后的国际行为及其后果存在不同的认知，并引发了不同的政策反应。如对于中国在2014年提出的“亚洲新安全观”，美国更多地怀疑这是不是中国的“门罗主义”，旨在将美国赶出亚洲。对于“一带一路”和亚投行等中国周边外交新举措，美国至今尚未接受，并且曾多次阻止其盟友加入亚投行。因此，如何在“他塑”与“自塑”中构建中国形象，中国需要向外界（尤其是周边国家和发达国家）清晰地表达自身的构想与主张。库珀·雷默认为："中国需要开诚布公地告诉外界自己正面临的挑战，尽可能地解释为什么会与国际社会的期望有所偏差，同时还需要不断强调一个观点，即中国正处在自我变革的过程中，其目的是要使国家更加富饶和自由。"① 习近平主席在中法建交50周年纪念大会上指出，实现中国梦给世界带来的是机遇不是威胁，是和平不是动荡，是进步不是倒退。拿破仑说过，中国是一头沉睡的狮子，当这头睡狮醒来时，世界都会为之发抖。中国这头狮子已经醒了，但这是一只和平的、可亲的、文明的狮子。②

值得注意的是，"中国的身份、中国自身的事务往往不是由自己来解读和阐释，而往往是由其他国家，尤其是以美国为主导的西方发达国家来解读和阐释，这些解读不可避免地左右了海外其他国家对中国的认知，从而出现客观存在与主观认知的偏差"③。有些周边国家困惑于，随着中国重新成为地区内最强大的国家，它将如何处理与邻国的关系，会给地区和国际社会带来和平、发展还是冲突、霸权？有些发展中国家则期待，作为世界第二大经济体的中国一如既往地致力于南南合作，与其他国家分享发展成果。还有的域外大国则将中国崛起视为对自身的威胁，推行遏制战略，并挑动周边国家与中国的对抗冲突。美国视中国"一带一路"为地缘挑战，认为中国试图控制欧亚大陆的中心地带，对美国的世界霸权构成挑战，

---

① 乔舒亚·库珀·雷默等：《中国形象：外国学者眼里的中国》，沈晓雷译，社会科学文献出版社2008年版，第38页。

② 习近平：《在中法建交50周年纪念大会上的讲话》，新华网2014年3月28日。

③ 孙祥飞：《中国形象：历史演进及跨文化传播路径》，第3页。

与美国“新丝绸之路”战略和亚太再平衡战略形成对冲，这使得美国在中国周边地区积极介入并谋求扩大影响，加剧了两国之间的地缘竞争。

“一带一路”倡议的提出，是中国对外部世界疑虑和期待的有力回应。正如全国人大外事委员会副主任傅莹在十二届全国人大三次会议的新闻发布会上所说：“我们领导人提出‘一带一路’的建设，它的中心目的就是为了能够更好地发展这个地区。我们周边政策当中有一个很重要的想法，就是要让中国发展的成果更好地惠及周边。外界经常问，说中国强大了以后，要怎么样去影响世界，要怎么样去影响周边？我觉得确实，‘一带一路’这个构想，这个重要的倡议，它体现的就是中国利用自身的发展优势，在周边构筑一个新的合作框架，是这样一个尝试。”① 因此，“一带一路”倡议旨在用实际行动向外界表达中国崛起不仅不是地区和世界的威胁，反而是促进共同发展、合作共赢的重要机遇。

2015 年 10 月 12 日，中共中央政治局就全球治理格局和全球治理体制进行第二十七次集体学习时，习近平总书记强调：“我们提出‘一带一路’倡议，建立以合作共赢为核心的新型国际关系、坚持正确义利观、构建人类命运共同体等理念和举措，顺应时代潮流，符合各国利益，增加了我国同各国利益汇合点。”② 要把“一带一路”建成和平之路、繁荣之路、开放之路、创新之路、文明之路。“中国愿在和平共处五项原则基础上，发展同所有‘一带一路’建设参与国的友好合作。

① 傅莹：《“一带一路”让中国发展成果更好惠及周边》，新华网 2015 年 3 月 4 日。

② 《推动全球治理体制更加公平更加合理　为我国发展和世界和平创造有利条件》，《人民日报》2015 年 10 月 14 日。

中国愿同世界各国分享发展经验，但不会干涉他国内政，不会输出社会制度和发展模式，更不会强加于人。我们推进‘一带一路’建设不会重复地缘博弈的老套路，而将开创合作共赢的新模式；不会形成破坏稳定的小集团，而将建设和谐共存的大家庭。”① 在此意义上，“一带一路”倡议是中国向世界尤其是周边国家作出的合作共赢承诺，是坚持正确义利观和负责任大国的重要体现。习近平总书记强调：“不论来自亚洲、欧洲，还是非洲、美洲，都是‘一带一路’建设国际合作的伙伴。‘一带一路’建设将由大家共同商量，‘一带一路’建设成果将由大家共同分享。”② “一带一路”各成员国将构成一个多中心的复杂体系，在客观上，这也有助于为我国营造良好的周边和国际发展环境。

“一带一路”融通古今中外、东西南北，激活了古丝路记忆和丝路精神，秉承和平合作、开放包容、互学互鉴、互利共赢的理念，以和平、繁荣、开放、创新、文明之“五路”应对当今世界治理、信任、和平、发展“四大赤字”，为推动全球治理体系和治理能力现代化开辟了新的愿景。2016 年 11 月 17 日，第 71 届联合国大会协商一致通过关于阿富汗问题第 A/71/9 号决议，呼吁国际社会进一步凝聚援阿共识，在政治、经济、安全领域向阿富汗提供援助。决议欢迎“一带一路”等经济合作倡议，敦促各方通过“一带一路”倡议等加强阿富汗及地区经济发展，呼吁国际社会为“一带一路”倡议建

---

① 习近平：《携手推进“一带一路”建设——在“一带一路”国际合作高峰论坛开幕式上的演讲》，《人民日报》2017 年 5 月 15 日。

② 同上。

设提供安全保障环境。[1] 这是“一带一路”倡议首次写入联合国决议，体现了国际社会对推进“一带一路”倡议的普遍支持。2019 年 4 月 26 日，习近平总书记在第二届“一带一路”国际合作高峰论坛开幕式上的主旨演讲中指出，共建“一带一路”倡议同联合国、东盟、非盟、欧盟、欧亚经济联盟等国际和地区组织的发展和合作规划对接，同各国发展战略对接。事实证明，共建“一带一路”不仅为世界各国发展提供了新机遇，也为中国开放发展开辟了新天地。[2] 习近平总书记多次强调，“一带一路”不是封闭的，而是开放包容的；不是中国一家的独奏，而是沿线国家的合唱。“一带一路”倡议顺应时代潮流，适应发展规律，为探索全球经济治理新模式、促进全球共同繁荣，打造人类命运共同体提供了重要路径。

2. 人类命运共同体认知考量

2012 年 11 月，党的十八大报告提出要倡导“人类命运共同体”意识，这是人类命运共同体理念首次载入中国共产党的重要文件，并进而成为新时期中国与世界如何相处的重要指导思想。到 2017 年党的十九大，习近平总书记在国际国内重要场合先后 100 多次谈及“命运共同体”，强调在全球化日益深入的背景下，“各国相互联系、相互依存、相互合作、相互促进的程度空前加深，国际社会日益成为一个你中有我、我中有你的命运共同体”[3]，面对全球性的挑战和机遇，没有哪一个国家可以置身事外，也没有哪一个国家可以独享其成，不断

---

① 《联合国大会一致通过决议呼吁各国推进“一带一路”倡议》，中国外交部网 2016 年 11 月 17 日。

② 习近平：《齐心开创共建“一带一路”美好未来——在第二届“一带一路”国际合作高峰论坛开幕式上的主旨演讲》，《人民日报》2019 年 4 月 27 日。

③ 《习近平总书记系列重要讲话读本》，人民出版社 2016 年版，第 265 页。

与国际社会就人类命运共同体理念与实践加强沟通，推动双边、地区、全球等多层次命运共同体的构建。党的十九大报告中，习近平总书记对人类命运共同体作出了完整的界定，成为中国引领时代潮流和人类文明进步方向的鲜明旗帜。党的十九大报告主张要坚决推动构建人类命运共同体，为人类作出新的更大的贡献，“始终做世界和平的建设者、全球发展的贡献者、国际秩序的维护者”①。

共同体（community）这一概念源自人类社会自身发展的需要。人所具有的社会属性以及交往的扩大，使得人类社会早期就产生了家庭、家族、种族等以血缘为纽带的血缘共同体，又逐渐演化出社会团体、民族、国家、国际组织等各种共同体。在人类历史发展进程中人类共同体生活经历了原始共同体、古代共同体、家庭共同体、族群共同体以及近代以来的民族共同体、阶级共同体、生活共同体、国家共同体、区域共同体、全球共同体等多种形态和发展阶段。② 中国提出的人类命运共同体概念，结合了中国古代的“天下大同”思想，又赋予时代内涵，打破了区分“核心圈”“外围圈”的传统模式，做到最大层面的包容、最大层面的平等与公正，可以说，超越了西方在所谓普世价值基础上构建的以美国为权力中心的共同体体系。

人类命运共同体理念作为一种超越民族国家和意识形态的“全球观”，是中国政府着眼于世界和平发展、合作共赢的大局，顺应人类社会相互联系、相互依存的程度都空前加深的历

---

① 习近平：《决胜全面建成小康社会　夺取新时代中国特色社会主义伟大胜利——在中国共产党第十九次全国代表大会上的报告》，第 25 页。

② 王帆、凌胜利主编：《人类命运共同体：全球治理的中国方案》，湖南人民出版社 2017 年版，第 17 页。

史潮流，提交的一份思考人类未来的中国方案。习近平总书记多次强调："中国是现行国际体系的参与者、建设者、贡献者，一直维护以联合国为核心、以联合国宪章宗旨和原则为基础的国际秩序和国际体系。"①"中国无论发展到什么程度，都永远不称霸，永远不搞扩张。我们倡议世界各国政党同我们道，做世界和平的建设者、全球发展的贡献者、国际秩序的维护者。"② 人类命运共同体引发了世界共鸣，联合国秘书长古特雷斯对此评价说："中国已成为多边主义的重要支柱，我们践行多边主义的目的，就是要建立人类命运共同体。"③

但人类命运共同体的思想却遭到很多误解，很多地区内大国和域外大国将命运共同体视为中国构建势力范围或地区主导权的尝试。美国认为中国构建周边命运共同体就是要打造中国的地区霸权，会冲击到美国在亚太地区的霸权地位，因而对此一直持怀疑甚至抵制态度。美国对中国提出的"人类命运共同体"的种种猜疑在大学生群体中很有市场，通过调查和访谈发现，相当一部分大学生认为"人类命运共同体"是挑战美国霸权的外交表现，对其科学内涵、精神实质、实践路径、价值意义缺乏必要的认知，甚至出现错误的理解。

人类命运共同体理念植根于源远流长的中华文明和波澜壮阔的中国外交实践，契合各国求和平、谋发展、促合作、要进步的真诚愿望和崇高追求。

首先，人类命运共同体理念表达出中国传统的天下情怀。

---

① 《习近平接受〈华尔街日报〉采访》，新华网 2015 年 9 月 22 日。

② 习近平：《携手建设更加美好的世界——在中国共产党与世界政党高层对话会上的主旨讲话》，《人民日报》2017 年 12 月 2 日。

③ 《"历史是勇敢者创造的"——记习近平主席出席世界经济论坛 2017 年年会并访问在瑞士的国际组织》，《人民日报》2017 年 1 月 20 日。

宋代学者张载明确提出了“为天地立心，为生民立命，为往圣继绝学，为万世开太平”的主张。美国学者列文森（Joseph R. Levenson）指出，在中国古代的认知中，“早期的‘国’是一个权力体，与之相比较，天下则是一个价值体”①。在中国古代，“天下秩序”“大同世界”“协和万邦”一直是中国人民对美好世界秩序的朴素追求，人类命运共同体是我国传统文化中儒家思想“天下观”追求兼济天下思想的当代体现。这种天下情怀“并不是中国自以为‘世界只有如此大’，而是以为，光天化日之下，只有同一人文的伦理秩序”②，这种伦理秩序不是某个具体的民族和国家的，而是对人类具有共同价值的世界秩序，这种天下情怀也是出自中国对其自身命运变化的深刻反思。

近代以来，面对中国社会经历的苦难现实，康有为设想了一个“没有阶级、国家，没有私有财产，只有平等和富裕”的乌托邦式的“大同世界”。中国民主革命的先驱孙中山则通过建立“民有、民治、民享”的共和制国家，来追求“大同世界”的目标，但孙中山创建的资产阶级民主共和制却只是昙花一现。

中华人民共和国成立后，“大同世界”虽然仍是中国人民对理想世界的追求，但在中华人民共和国成立初期特殊的历史环境下只能是一个遥远的梦想。实现国家间和平共处是当时中国的现实追求。因此，中国提出在和平共处五项原则基础上建立国际政治经济新秩序的主张，这种主张符合时代潮流，受到

---

① ［美］约瑟夫·列文森：《儒教中国及其现代命运》，郑大华、任菁译，中国社会科学出版社 2000 年版，第 84 页。

② 许倬云：《我者与他者：中国历史上的内外分际》，生活·读书·新知三联书店 2010 年版，第 20 页。

了世界各国的广泛响应和支持。而改革开放的伟大实践，深刻改变了中国和世界的关系。实际上，和平共处五项原则基本上是在国际政治领域实践的，在对待国际经济体系方面，中国一直以经济为基础观察和处理国际关系，但更多的是从生产关系出发，偏重交换关系、贸易关系背后的剥削关系和不平等关系，忽视从生产力发展的角度去研究问题。邓小平纠正了将国际经济关系简单看作剥削关系、从而拒斥外资的倾向，重视利用外资和引进国际先进技术，强调不同制度之间经济竞争中发展问题的时代特点。由此，中国对待现代国际经济体系的态度开始转变，逐渐由过去置身国际体制外，向加入或进行合作的态度转变，重视利用现有国际制度和国际惯例。1991 年邓小平视察上海时说："只要守信用，按照国际惯例办事，人家首先会把资金投到上海，竞争就要靠这个竞争。"①

随着中国与外部世界利益交融的不断扩大，人员交往空前活跃，中国同世界的关系发生了历史性变化，中国的前途命运日益紧密地同世界的前途命运联系在一起。2014 年 9 月，外交部部长王毅在外交学院开学典礼上的讲话中指出："当前，中国外交站在了一个新的历史起点。"中国"从来没有像今天这样接近世界舞台的中央，从来没有像今天这样全面参与国际上的各种事务，也从来没有像今天这样承担着维护世界和平与发展的重要责任"②。人类命运共同体理念的提出，让"天下为公""和而不同"等传统文化精华注入了时代内涵，在全球相互依存日益加深的今天，中国外交以人类命运共同体为指导理念和目标，倡导一种和平发展、和谐共处、合作共赢的新国

---

① 《邓小平文选》第三卷，第 366 页。

② 《王毅部长在外交学院开学典礼上的讲话》，中国外交部网 2014 年 9 月 2 日。

际观，“其现实目标是化敌为友，将对抗性的敌我关系转变为平等对待、互通有无的互市关系，而最高理想是怀柔天下，建立普世性的世界伦理共同体”①。这正是中国著名社会学家费孝通所说的“各美其美，美人之美，美美与共，天下大同”。

其次，中国倡导的人类命运共同体理念是马克思主义共同体理论在当代条件下的创新和发展，是马克思主义基本原理与中国具体实践相结合的产物，是马克思主义中国化的体现。

马克思认为，人的社会属性是共同体存在的前提。“人的本质不是单个人所固有的抽象物，在其现实性上，它是一切社会关系的总和。”②“只有在共同体中个人才能获得全面发展其才能的手段，也就是说，只有在共同体中才能有个人自由……在真正的共同体的条件下，各个人在自己的联合中并通过这种联合获得自己的自由。”③马克思主义坚持历史唯物主义，认为共同体是生产力和生产关系发展的必然产物，共产主义社会实现自由人的联合体是真正的共同体。马克思认为，剥削阶级占统治地位的社会共同体，对于被统治的阶级来说，不仅是完全虚幻的共同体，而且是新的桎梏，因此是冒充的共同体。而“交往的任何扩大都会消灭地域性的共产主义。共产主义只有作为占统治地位的各民族‘一下子’同时发生的行动，在经验上才是可能的，而这是以生产力的普遍发展和与此相联系的世界交往为前提的”④。马克思认为真正的共同体是人类社会发展的最高阶段，是自由人联合体的阶段。中国提倡的人类命

---

① 许纪霖：《家国天下——现代中国的个人、国家与世界认同》，上海人民出版社 2017 年版，第 453 页。

② 《马克思恩格斯选集》第一卷，人民出版社 2012 年版，第 139 页。

③ 同上书，第 199 页。

④ 同上书，第 166 页。

运共同体理念，反映了马克思主义共同体理论的时代精神。虽然马克思主义理想中的共产主义仍然是美好的愿景，但是当今世界全球性相互依存的现实，客观上要求人们必须在全人类共同价值观指导下，树立开放包容、合作共赢意识，朝着“自由人联合体”的理想目标共同努力。

最后，人类命运共同体理念体现了中国与世界各国合作共赢构建世界新秩序的中国方略。伴随着新一轮世界格局演变的不断加快和全球相互依存局面的日益加深，世界新秩序的构建进入活跃期。2014 年，美国著名学者、外交家基辛格在 91 岁高龄之际出版了自己的新书《世界秩序》，2015 年 9 月 22 日，习近平主席在西雅图出席华盛顿州当地政府和美国友好团体联合欢迎宴会并发表演讲时引用了基辛格《世界秩序》一书中的话，引发学界对此书的极大关注。基辛格认为，今天“国际社会”一词在各种场合出现的次数之频繁可能超过了任何一个时代，然而从这一词中却看不出任何清晰或一致的目标、方式或限制。当今时代锲而不舍，有时几乎是不顾一切地追求一个世界秩序的概念。世界混乱无序，各国之间却又史无前例地相互依存，从而构成了种种威胁：大规模杀伤性武器在扩散，国家解体，环境恶化，种族灭绝现象层出不穷，以及有可能将冲突推向人类无法控制或无法想象地步的新技术正在扩展。新的信息获取和传播方式把世界各地区前所未有地连接在一起，使人们从全球视角审视各种事件。然而这种状况却让人无暇思考，使领导人不得不对任何事件都即刻做出反应。种种不受任何秩序约束的势力是否将决定我们的未来？① 因此，主

① ［美］亨利·基辛格：《世界秩序》，胡利平等译，中信出版社 2015 年版，第 2 页。

要国际力量纷纷提出各自的世界秩序理念和政策主张。例如，在当今国际体系中占据绝对优势地位的美国，主张建立一个美国领导下的基于民主、自由和法治的自由主义国际秩序。欧盟主张建立合作制度基础上的制度合作型多极世界秩序。广大发展中国家主张建立一个能够为发展中国家全面、平等地参与国际事务提供便利的国际秩序。各种不同的世界秩序理念和主张相互碰撞，深刻影响着世界秩序的走向。

世界发展大势表明，在全球性挑战面前，任何一个国家和行为体都无法单独应对，全球合作成为必然。然而，2008 年国际金融危机后，欧美等西方发达国家出现了一股强劲的逆全球化和反全球化思潮。一些国家为了维护本国经济利益采取贸易保护主义措施，曾经给世界经济带来繁荣的自由贸易体系不断受到挑战。面对全球化退潮和反全球化逆袭，中国积极承担起了新型全球化领导者的责任。2017 年，中国国家主席习近平在联合国总部发表演讲时指出："2008 年爆发的国际金融危机启示我们，引导经济全球化健康发展，需要加强协调、完善治理，推动建设一个开放、包容、普惠、平衡、共赢的经济全球化，既要做大蛋糕，更要分好蛋糕，着力解决公平公正问题。"① 同年，习近平主席在二十国集团汉堡峰会上再次强调："我们要坚持走开放发展、互利共赢之路，共同做大世界经济的蛋糕。" "支持多边贸易体制，按照共同制定的规则办事，通过协商为应对共同挑战找到共赢的解决方案。"② 一方面，中国集中力量解决好自身的发展问题，以更好地为世界发展作

① 习近平：《共同构建人类命运共同体——在联合国日内瓦总部的演讲》，《人民日报》2017 年 1 月 20 日。

② 习近平：《坚持开放包容推动联动增长——在二十国集团领导人汉堡峰会上关于世界经济形式的讲话》，《人民日报》2017 年 7 月 8 日。

贡献。另一方面，中国是全球发展事业的重要参与者和主要推动者，极力推动联合国千年发展议程，实现世界的共同繁荣与进步。中国与150多个国家和国际组织签署共建“一带一路”合作协议，参与了周边绝大多数区域、次区域和跨区域经济合作机制，免除与中国有外交关系的非洲最不发达国家、重债穷国、内陆发展中国家、小岛屿发展中国家截至2018年底到期未偿还政府间无息贷款190亿美元的债务，并提供50亿美元经济援助。

面对全球治理的失灵，中国提出了完善全球治理的中国方案。通过打造人类命运共同体、弘扬共商共建共享的全球治理理念、创新全球治理机制，来推动全球治理体制向更加公平、更加合理、更加高效的方向发展。人类命运共同体强调多种文化的“和而不同”，尊重不同文明的特色，追求共同价值而不是普世价值。将人类放在共同体之前作为关键词，就是要超越传统民族国家视角，塑造共同身份，体现命运与共，体现天下担当。2017年1月，习近平主席在联合国日内瓦总部发表题为《共同构建人类命运共同体》的主旨演讲，强调：“让和平的薪火代代相传，让发展的动力源源不断，让文明的光芒熠熠生辉，是各国人民的期待，也是我们这一代政治家应有的担当。中国方案是：构建人类命运共同体，实现共赢共享。”①因此，中国提出的人类命运共同理念，不仅是指导中国外交的新理念，是中国特色大国外交的鲜明特征，也是关于当今世界发展的新价值观，在物质、制度、精神层面都求同存异，“命运相连，休戚与共”，突破国家利益的分歧，以共同目标化解

① 习近平：《共同构建人类命运共同体——在联合国日内瓦总部的演讲》，《人民日报》2017年1月20日。

全球性争执，从而塑造“你中有我、我中有你”的人类新身份，告别意识形态和价值观的对立，追求人类共同价值观。2017年2月10日，联合国社会发展委员会第五十五届会议协商一致通过“非洲发展新伙伴关系的社会层面”决议，呼吁国际社会本着合作共赢和构建人类命运共同体的精神，加强对非洲经济社会发展的支持。这是联合国决议首次写入“构建人类命运共同体”理念。① 此后，人类命运共同体被写入联合国多份相关决议中，体现了国际社会的共识，彰显了中国理念和中国方案对全球治理的重要贡献。

（二）中国发展问题的理解

马克思曾经对中国作出这样的描述：“一个人口几乎占人类三分之一的大帝国，不顾时势，安于现状，人为地隔绝于世并因此竭力以天朝尽善尽美的幻想自欺。这样一个帝国注定最后要在一场殊死的决斗中被打垮：这场决斗中，陈腐世界的代表是激于道义，而现代的社会的代表却是为了获得贱买贵卖的特权——这真是任何诗人想也不敢想的一种奇异的对联式悲歌。”② 在马克思和恩格斯看来，“人为地隔绝于世”的政策不仅阻碍了经济发展、科技进步和政治变革，而且对人们的思维方式和文化心理造成了负面影响。昧于时势、安于现状、惯于因循、耽于幻想甚至甘于自欺的精神状态，就是这种负面影响的突出表现，而这正是近代中国走向衰落的一个重要原因。因此，打破思想观念的桎梏，用理性和开放的视野观察认识中国

① 《“构建人类命运共同体”首次写入联合国决议》，《人民日报》2017年2月12日。

② 《马克思恩格斯论中国·鸦片贸易史》，中央编译局编译，人民出版社2018年版，第70—71页。

现实发展问题，是大学生国际观正确认知的出发点和前提基础。

相关调查显示，一定数量的大学生受“中国威胁论”“中国责任论”的片面影响，对中国现在以及未来的发展充满盲目的乐观情绪，认为中国赶超美国经济已经是指日可待，美国的衰落已经是历史的必然，如何取代美国地位是中国当前和今后一段时期应该考虑的事情。而另一些大学生受现实状况的影响，对中国的发展产生了一定的悲观情绪，认为中国人均收入在国际社会排名较低，人均资源占有量明显不足，发展不平衡、不充分问题相当突出，进而在国际观上表现为对中国国际地位和作用认识不确定。因此，需要对中国发展问题作出全面的分析，正确认识中国国际地位进一步提升所面临的风险和挑战，从而帮助大学生在国际观上进行偏差纠正。

首先，中国已经是一个全球性的大国。按照美国著名地缘战略理论家布热津斯基（Zbigniew Brzezinski）对全球性强国的理解，“全球性强国意味着真正在全球军事能力方面占有绝对优势、重大的国际金融和经济影响力、明显的技术领先地位和有吸引力的社会生活方式——所有这些必须结合在一起，才有可能形成世界范围的政治影响力”①。对照这些条件，中国已经是全球性大国，其身份已在相当程度上被国际社会所认同。进入 21 世纪，中国综合实力和国际影响力快速提升。2006 年，中国超过日本成为世界第一大外汇储备国；2009 年，中国取代德国成为世界第一出口国；2010 年，中国经济总量超过日本，成为世界第二大经济体；2013 年，中国超过美国，成为世界第一货物贸易大国；2014 年，中国首次成为资本净

① 布热津斯基、韩红：《如何与中国共处》，《战略与管理》2000 年第 3 期。

输出国，是世界第二大对外投资国；2018 年，中国对世界经济增长贡献率超过 30%，比美、欧、日的总和还多。作为联合国安理会常任理事国，中国是维护地区和世界和平与稳定的坚定力量，中国科技在全球的地位日益突出，据 2016 年 1 月美国国家科学基金会发布的《美国科学与工程指标》报告显示，中国已成为不容置疑的世界第二研发大国。① 而且，无论是“中国威胁论”还是“中国责任论”，实际上都预设了一个前提，即中国是全球性大国，对国际社会有强烈的影响力。因此，大学生看待中国的发展要有信心。

其次，中国还是一个发展中国家。党的十九大明确指出，我国社会主要矛盾已经转化为人民日益增长的美好生活需要和不平衡不充分的发展之间的矛盾。但我国社会主要矛盾的变化，没有改变我们对我国社会主义所处历史阶段的判断，我国仍处于并将长期处于社会主义初级阶段的基本国情没有变，我国是世界上最大发展中国家的国际地位没有变。我国目前人均国内生产总值只相当于世界平均水平的 80% 左右，按国家和独立经济体排位，大体处在世界中列，在创新能力、产业层次、公共服务等方面与发达国家相比，仍有相当大的差距。因此，全面、准确分析中国发展面临的风险和挑战，是帮助大学生正确看待中国发展前景，既不盲目乐观，也不消极悲观的关键所在。

哈佛大学教授约瑟夫·奈在 2005 年就认为，美国经济约是中国的两倍至三倍，中国人均收入相当于美国的十分之一。如果美国经济每年增长 2%，中国经济每年增长 6%，那么在

① 华凌：《数据说话：中国稳居世界第二研发大国》，《科技日报》2016 年 2 月 23 日。

2025年后某个时间它们将平起平坐。即使这样，两国在人均收入方面的差距还是很大的，中国在2075年之前无法达到美国的人均收入水平。①

美国学者奥根斯基（A. F. Kenneth Organski）从权力转移的角度分析一个国家怎样从实力不强转变为实力强大的国家，这种转移大致分为三个阶段：（1）潜在权力阶段，即前工业化阶段。（2）权力转移增长阶段，即由前工业化过渡到工业化的阶段。（3）权力成熟阶段，即后工业时代（国家实现了工业化以后的阶段）。② 他认为，中国正处于权力转移的第二个阶段，即权力转移增长阶段。在这个阶段，中国的权力增长是一个不断累积增长的过程，需要保持自身发展的有利态势。

最后，无论是全球性的大国，还是发展中的大国，其定位本身都是基于自身发展的环境与条件而言的。就外部环境而言，从国际经济形势角度来说，世界经济仍处在金融危机后的深度调整期和变革期，复苏动力明显不足，不确定性、不稳定性因素增多。发达国家经济存在的结构性问题根深蒂固，难以根治。美国经济率先恢复增长但增速缓慢，欧盟经济持续复苏但面临不少制约，日本经济处境艰难。新兴经济体普遍面临不同程度的困难，经济增速持续回落。③ 东亚及亚洲地区经济一体化进程缺乏足够的动力，推进困难。全球贸易保护主义盛

---

① 约瑟夫·奈：《美国如何看待中国崛起》，《商务周刊》2005年第8期。

② A. F. K. Organski, *World Politics*, New York: Knopf Publishers, 1968, pp. 338-340.

③ 2018年的土耳其经济危机是一个典型例子。过去十多年，土耳其曾经是新兴经济体中的耀眼明星。2011年，土耳其经济增速达到了11.11%，比中国还要高。2017年，经济增幅有7.42%，中国只有6.9%%。但进入2018年后，土耳其经济状况明显恶化。根据土耳其财政部数据，2018年第一季度，土耳其外债总额达到4667亿美元。根据世界银行的统计，土耳其2017年的GDP仅为8495亿美元，相当于外债占GDP的55%左右。

行，基于经济利益和政治因素形成的经济摩擦及冲突有所增加。中国发展的外部环境复杂多变，不容乐观。但国际形势总体和平稳定，中国在重大国际议题上的发言权和影响力上升，战略回旋空间大大拓展，在全球事务中各方对中国的重视和需求显著上升。

从国际政治形势看，当前的多极化趋势，是在冷战结束、国际形势趋向缓和、世界和平力量不断增长的情况下出现的。在多极化趋势的发展过程中，大国关系调整进入新的阶段，大国之间的既相互合作又相互竞争、既相互借重又相互制约、既有协调又有摩擦的局面将持续发展。以恐怖主义、分裂主义、极端主义三股势力为特征的非传统安全威胁凸显，影响着主权国家的安全。某些西方大国利用这三股势力的活动，一方面以国际反恐为名，乘机推行新干涉主义、单边主义，重塑利己主义的世界地缘战略格局。另一方面，按照双重标准对待三股势力，利用民主、人权和宗教问题“抹黑”甚至妖魔化中国。如何消除外部对中国的意识形态偏见，让更多的人接受中国特色社会主义道路，创造一个客观友善的国际舆论环境，将是中国长期面临的复杂挑战。

从国际政治的形势可以看出，中国的发展面临严峻的外部环境考验，需要冷静观察，慎重应对。而对中国自身内部环境与条件，更需要辩证分析，全面理解。

当前，中国经济进入“新常态”，增速下滑、外贸萎缩和产能过剩等多重挑战相互交织，维护国家经济安全的压力是过去所无法比拟的。长期以来，外需市场是中国经济持续增长的重要支撑。但是，受国内经济下行压力、全球经济复苏乏力和主要大宗商品价格暴跌的综合影响，从 2015 年到 2018 年，中国的对外贸易形势越发严峻。据海关总署统计，2015 年中国货物贸易进出口总值比2014年下降7%，进口和出口分别下降13.2%和1.8%；与第一、第三大贸易伙伴欧盟和东盟的双边贸易额分别下降7.2%和0.6%。外商投资企业、国有企业进出口额分别下降6.5%和12.1%，加工贸易进出口额下降10.65%，传统劳动密集型产品出口额下降1.7%。[①] 而进入2016年，经济形势仍不容乐观。据统计，2016年，我国货物贸易进出口总值比2015年下降0.9%；外商投资企业、国有企业进出口分别下降2.2%和5.6%；加工贸易进出口下降4.9%；机电产品出口下降1.9%，同期，传统劳动密集型产品出口下降1.7%。[②] 虽然2017年世界经济温和复苏，中国经济稳中向好，我国货物贸易进出口总值比2016年增长14.2%，扭转了此前连续两年下降的局面。但海关总署发言人也坦承，连续两年对外贸易进出口负增长，基数较低的因素也在一定程度上抬高了2017年的增速。[③] 而2018年美国对中国所进行的贸易制裁，对中国对外贸易造成一定的冲击。据统计，2018年我国进口价格总体上涨6.1%%。其中，原油上涨30%，成品油上涨20%，天然气上涨22.9%，铜上涨3.2%。目前，主要国际组织已经纷纷下调了全球经济和贸易的增速，中国海关总署也预计2019年中国外贸增长速度可能有所放缓。[④]

目前，中国还面临着较为严重的产能过剩问题，产能的严

---

① 《海关总署介绍2015年全年进出口情况》，中国政府网2016年1月13日。

② 《海关总署公布2016年我国外贸进出口情况》，中国政府网2017年1月14日。

③ 《海关总署介绍2017年全年进出口情况》，中国政府网2018年1月12日。

④ 《新闻办就2018年全年进出口情况举行新闻发布会》，中国政府网2019年1月14日。

重过剩会造成企业经营困难、财政收入下降、金融风险积累等一系列问题。根据工信部、发改委等部委的调研，2012 年底，中国的钢铁、水泥、电解铝、平板玻璃、船舶产能利用率分别仅为 72%、73.7%、71.9%、73.1%和 75%，明显低于国际通常水平。[①] 全国政协常委、经济委员会副主任、工信部原部长李毅中在 2013 年网易经济学家夏季论坛上所做的主题演讲中认为，2012 年我国风力设备制造、光伏电池、多晶硅等新兴产业的利用率只有 67%、57%和 35%。[②] 在各相关行业协会调查的 39 个产品中，有 21 个产能利用率低于 75%，而按照世界公认的标准，低于 75%已属于严重过剩。[③] 因此，按照 2016 年党中央、国务院关于供给侧结构性改革的决策部署，各地区、各部门开始了化解过剩产能工作。至 2019 年累计压减粗钢产能 1.5 亿吨以上，退出煤炭落后产能 8.1 亿吨，淘汰关停落后煤电机组 2000 万千瓦以上，全面转入结构性去产能、系统性优产能新阶段。[④]

总结目前我国经济发展的不利因素，可以看到，一是国际环境错综复杂，深层次、结构性矛盾在全球范围内仍然较为突出，对全球经济复苏与金融市场稳定造成冲击，世界贸易复苏之路仍将曲折。二是全球制造业竞争激烈程度上升，一方面部分新兴市场国家凭借劳动力、土地等低成本优势，推动中低端

---

① 国务院：《关于化解产能过剩严重过剩矛盾的指导意见》，中国政府网 2013 年 10 月 15 日。

② 李毅中：《部分行业产能严重过剩是经济下行重要原因》，网易财经 2013 年 7 月 31 日。

③ 国家发改委：《钢铁行业召开贯彻落实国务院关于化解产能严重过剩矛盾的指导意见会议》，《中国产经》2013 年第 11 期。

④ 国家发改委、工信部、国家能源局：《关于做好 2019 年重点领域化解过剩产能工作的通知》，中国政府网 2019 年 5 月 9 日。

制造业发展，与中国传统优势产品形成竞争。另一方面，发达经济体实施“经济再平衡、再工业化”政策，促进部分中高端制造业回流。制造业在全球范围内的竞争将更加激烈。三是全球贸易保护主义仍在升温。当前中国产品遭遇贸易救济调查案件和金额仍处于近年来的较高水平。

从国际层面应该看到，现行国际经济体制是在西方发达国家的构筑和主导下形成的，对发展中国家有诸多不合理性。严苛的知识产权保护规则大大增加了发展中国家的使用成本，并形成对发达国家技术上的依赖，也限制了发展中国家的技术进步。对于中国来说，只有及时抓住并充分利用当前的重要机遇，正确应对和化解遇到的困难和挑战，才能将机遇带来的可能性转化为现实的发展，从而进一步提升中国的国际地位，在国际舞台上发挥更大的作用。

在国内层面上，贫富差距较大、社会矛盾多发且易激化。有学者指出，目前，一方面是国民收入和劳动报酬占 GDP 的比重不断下降，另一方面是国有垄断行业攫取了较大部分的经济利润。国家财政收入持续快速增长，远远高于 GDP 增速，而社会性投入严重不足。①

另外，中国发展中最突出的人口问题在很多方面往往被忽略了，但这是影响中国发展前景的关键因素。对人口问题，恩格斯在 1884 年第一版《家庭、私有制和国家的起源》序言中指出：“根据唯物主义观点，历史中的决定性因素，归根结底是直接生活的生产和再生产。但是，生产本身又有两种。一方面是生活资料即食物、衣服、住房以及为此所必需的工具的生

① 潘世伟等：《中国模式研究》，第 131 页。

产；另一方面是人自身的生产，即种的繁衍。”[①] 当全球人口还只有 10 亿时，1881 年 2 月，恩格斯在写给卡尔·考茨基的信中这样说：“人类数量增多到必须为其增长规定一个限度的这种抽象可能性当然是存在的。但是，如果说共产主义社会在将来某个时候不得不像已经对物的生产进行调节那样，同时也对人的生产进行调节，那么正是这个社会，而且只有这个社会才能无困难地做到这点。”[②] 恩格斯已经注意到人口增长以及由此带来的人口如何调节的问题。世界实时统计数据显示，目前地球人口已经突破 76 亿，联合国预测 2030 年，世界人口将达 86 亿。而马克思指出，物质资料的生产与人类自身生产是人类存在与发展的前提，必须互相适应，要满足人的消费需要和人的自身发展，就必须使人口的增长和生产的增长相一致，甚至使生产的发展超过人口的增长。人口增长不是社会发展的决定力量，但人口的增长对社会发展有促进和延缓的作用，人口规律是受生产方式制约的社会规律。因此，要正确看待中国发展问题进而正确看待中国与世界的关系，就要正确认识人口与社会经济的相互关系。

根据国家统计局公布的数字，截至 2018 年底，中国大陆总人口（包括 31 个省、自治区、直辖市和中国人民解放军现役军人，不包括中国香港、中国澳门特别行政区和中国台湾以及海外华侨人数）数量为 13.9 亿人。从年龄构成看，16 至 59 周岁的劳动年龄人口为 8.97 亿人，占总人口的比重为 64.5%；60 周岁及以上人口 2.49 亿人，占总人口的 17.9%，其中，65 周岁及以上人口 1.66 亿人，占总人口的 11.9%。对于“中国

---

① 《马克思恩格斯选集》第四卷，人民出版社 2012 年版，第 13 页。

② 同上书，第 538 页。

人口负增长、人口红利消失”的言论，国家统计局局长宁吉喆回应称，2018 年中国人口保持正增长，全年出生人口 1523 万人，这个数字是很可观的，而且劳动力资源近 9 亿人，中国的人口红利仍然存在。人口的数据需要长期观察，不必过度解读。①

但与 40 年前相比，中国的人口增长速度已经大大减慢，随之而来的是人口老龄化的快速到来。按照联合国的标准，一个地区 65 岁以上老人占总人口的 7%，即该地区视为进入老龄化社会，而中国在 1999 年就已经进入老龄化社会。

中国改革开放 40 多年的飞速发展，在某种意义上借助了中国的人口结构。20 世纪 80 年代到 21 世纪初，中国劳动年龄人口较总人口的比例有很大的增长，而老年人口的赡养率（即与劳动年龄人口的比率）保持较低的比值。这样的趋势促进了非常高的储蓄率和投资率，在外向型经济政策下，它为中国的经济发展作出了极大的贡献，一些经济学家把这种现象描述为中国巨大的“人口红利”，即中国 40 年经济的快速增长很大程度上得益于中国低廉的劳动力成本，人口负担系数较低，但目前这种人口红利已经消失。中国社科院研究员蔡昉等学者提出中国的“刘易斯拐点”② 即将到来，引起很大关注。“人口红利”不可能无限期延续，因此我们必须考虑与“人口红利”相伴相随的“人口诅咒”。当我们过分依赖廉价劳动力优势时，久而久之便会失去创新的能力，以致在“人口红利”

---

① 《统计局辟谣 2018 年中国人口负增长：人口红利仍在》，人民网 2019 年 1 月 21 日。

② “刘易斯拐点”是由 1979 年诺贝尔经济学奖得主、圣卢西亚籍经济学家威廉·阿瑟·刘易斯（William Arthur Lewis）提出的。即劳动力从过剩向短缺的转折点，是指在工业化进程中，随着农村富余劳动力向非农产业的逐步转移，农村富余劳动力逐渐减少，最终达到枯竭状态。

枯竭时，处于不可持续发展的境地，掉入“中等收入陷阱”。对“人口红利”要做理性分析，否则就会把中国的人口制度仅仅看作一个社会学层面的操作性政策，减损社会主义改革开放的整体效应。劳动力资源较为丰富确实在一定程度上可以加速经济发展，但人口年龄结构因老龄化而不能为经济增长提供额外源泉的时候，人口红利便相应丧失，人口转变的主要推动力是经济增长和社会发展，生育政策仅仅起到外加的和相对次要的助动作用。①

从这几年中国出生人口数量来看，2017 年全年出生人口 1723 万人，比 2016 年减少了 63 万人，2018 年全年出生人口 1523 万，比 2017 年又减少了 200 万，出生人口数量逐年减少已经是不争的事实。预计到 2020 年，老年人口达到 2.5 亿，老龄化水平达到 18%，其中，80 岁以上老年人口将达到 3067 万人；2025 年，60 岁以上人口将达到 3 亿，成为超老年型国家。20 世纪 80 年代，中国平均 12 个劳动年龄人口赡养一个 65 岁及以上的老人。21 世纪初期，这一比率为 10 ∶ 1，到 2030 年，这一比率将达到 4 ∶ 1。由此带来的养老、医疗等社会问题将非常突出，也会制约中国进一步的经济发展。2013 年，党的十八届三中全会决定，实施单独二胎政策，即夫妇一方为独生子女的可以生育二胎。2015 年，党的十八届五中全会决定，全面实施一对夫妇可生育两个孩子的政策，积极开展应对人口老龄化行动。实践证明，人口增长规模偏离适度增长速度，人口过剩或人口不足都将不利于经济发展，因此要保持适度人口增长，不仅要有适度的人口数量，更要保持较好的人口质量、人口结构和人口分布，实现社会发展与人口发展最佳

① 潘世伟等：《中国模式研究》，第 232—233 页。

耦合状态。

需要关注的是，随着老龄化社会的迅速到来，出现了青年人和老年人两个群体的对立和冲突。“啃老族”或“老年人强迫年轻人让座”等概念或事件经常见之于新闻报道。这也使相当数量的大学生感到生活压力太大，进而改变中国对外援助的支持态度，尤其希望政府将对外援助的资金更多用于对国内的社会发展。但“实际上，提供多少国际援助，已经成为衡量一个国家包括经济实力在内的综合实力大小和国际贡献大小的一个重要指标。因此，实力和国际影响力巨大的国家毫无例外都是当今主要援助国”①。

在对外援助方面，大学生缺乏必要的认知和理解，更多地将其定位为给弱小国家一定的经济帮助，以换取对方对中国的政治支持。同时，在部分大学生群体中还存在着小国、弱国的心态。小国心态表现在：认为中国现在自身问题这么多，不能在国际社会强出风头，强调不要去给外国投资或援建。将韬光养晦作为推卸责任的借口，缺乏大国的担当。弱国心态表现在：还没有走出近代中国的历史悲情，表面担心中国威胁论对中国的负面影响，其实怕惹事，认为中国经济上的强大还根本不能算大国，缺乏对中国发展的信心，中国的对外援助是“打肿脸充胖子”，很可能是花钱消灾。这两种意见的实质都是把对外援助看作中国政府的“撒钱”行为，认为中国把自己的事情做好就行，没有必要进行对外援助，在中国国内的梦想还未达成之前，对外援助只会使中国发展后劲不足，还会使中国背上沉重的负担。

---

① 丁韶彬：《大国对外援助——社会交换论的视角》，社会科学文献出版社2010年版，第4页。

除此之外，西方国家往往也以偏见的眼光审视中国的对外援助，“从1950年起，中国已经向亚非拉等160个国家提供过援助，但这些举措却被西方某些国家判定为‘后殖民主义’侵略路线。这表明，西方在看待‘中国崛起’这个问题上存在着误解——这是西方国家站在自己的立场上，审视任何一个崛起的大国必然做出的刻板判断。”①

因此，改变西方国家的刻板误解和国内部分大学生的认知偏差，就要对中国的国际援助作出阐释，从历史与现实、理论与实践以及中国与世界三个纬度把握中国的对外援助。

现代意义上的国际援助与国际责任是随着现代国际体系诞生而形成的，而现代主权国家的出现和以主权国家间关系为基础的现代“国际社会”的形成，是国际援助与国际责任产生的两大基础。近代二三百年来，人类发展步入波澜壮阔的工业化现代化历程，面对全球人类发展的总体性与不同文明、不同区域、不同国家之间因发展的差异性而产生的矛盾与需求，在不同文明、国家与民族之间，在大与小、强与弱、发达与欠发达国家之间，为和平与发展而加强合作并开展相互援助的要求与实践也与日俱增。

中国政府于2011年和2014年两次发布有关对外援助的白皮书，强调中国的对外援助坚持不附带任何政治条件，不干涉受援国内政，充分尊重受援国自主选择发展道路和模式的权利，并非常详细地介绍了中国对外援助资金和方式。中国对外援助的资金主要有三种类型：无偿援助、无息贷款和优惠贷款。对外援助主要有八种方式：成套项目、一般物资、技术合作、人力资源开发合作、援外医疗队、紧急人道主义援助、援

① 孙祥飞：《中国形象：历史演进及跨文化传播途径》，第179页。

外志愿者和债务减免。“1950 年至 2016 年，中国在自身长期发展水平和人民生活水平不高的情况下，累计对外提供援款 4000 多亿元人民币，实施各类援外项目 5000 多个，其中成套项目近 3000 个，举办 11000 多期培训班，为发展中国家在华培训人员 26 万多名。”①

作为一个发展中的大国，一个现代世界体系的参与者与改造者，中国的对外援助必须在道义、责任、能力及目标间保持一致，从而形成自身的特点并保持长期连续性。改革开放前，中国将对外援助作为严肃的政治活动进行，虽然不把援助看作单方面的赐予而认为是相互的，但更注重战略和政治利益。1958 年 10 月 29 日，中共中央批转陈毅、李富春《关于加强对外经济、技术援助工作领导的请示报告》的批示中强调："认真做好对外经济、技术援助工作，是一项严肃的政治任务，也是我国人民对兄弟国家和民族主义国家的人民应尽的国际义务。这对于增进社会主义阵营的团结和繁荣，发展我国民族主义国家的友好关系，和打击以美国为首的帝国主义阵营的侵略和扩张活动，具有重大的意义。”② 这一时期中国对外援助受到无产阶级国际主义的影响，也受到中国的反帝、反霸、支持民族解放运动政策的影响，因而对外援助的数额非常大，甚至超过了中国经济自身能够承受的能力，主要向“兄弟国

① 国务院新闻办公室：《改革开放 40 年中国人权事业的发展进步》，新华网 2018 年 12 月 12 日。

② 中共中央文献研究室编：《建国以来重要文献选编》第十一册，中央文献出版社 1995 年版，第 523 页。

家”和友好的民族主义国家提供援助。[①] 中国对外援助支出占国家财政支出的比重从 1963 年起逐年提高，到 1976 年所占比重年平均值超过了 5%，远远超出了中国的经济承受能力。[②] 改革开放后，中国对外援助政策进行了调整，突出了“平等互利、形式多样、注意实效、共同发展”的内容。“将不计成本的无私援助调整为关注效益、互利共赢的可持续性发展经济技术合作。”[③] 对外援助不仅促进受援国的经济和社会发展，同时也推动中国和受援国之间的经济技术合作，以达到共同发展、共同繁荣的目的。

许多亚非拉国家比较弱小和贫困，因而这种合作关系更多地表现为中国对这些国家的援助和支持，但中国的对外援助，也对中国自身的发展起到了至关重要的回馈推进作用。根据一般的国际援助惯例，发达国家每向发展中国家提供 1 美元的援助，那么最终会带动双方的经济技术合作增加 6 美元的规模。2000 年，中非贸易额仅 100 亿美元，到了 2018 年则超过了 2042 亿美元，中国已经连续十年成为非洲第一大贸易伙伴。中国成立了中国非洲研究院，在非洲开设了 4 所孔子学院，为非洲提供 5 万个中国政府奖学金名额和 5 万个研修培训名额，让更多的非洲留学生有机会学习中国的语言和文化。这些留学

---

① 对阿尔巴尼亚的援助就是典型，从 1961 年到 1978 年，中国给予阿尔巴尼亚大量的、全面的援助，援助总计超过 24 亿元人民币，阿尔巴尼亚也在国际舞台对中国进行了全力支持。最终由于阿尔巴尼亚公开反华，中国对其全部援助于 1978 年 7 月 7 日停止。参见王洪起：《“山鹰之国”亲历》，新华出版社 2008 年版，第 29—53 页。

② 舒云：《纠正与国力不符的对外援助——中国外援往事》，《同舟共进》2009 年第 1 期。

③ 王逸舟主编：《中国对外关系转型 30 年（1978—2008）》，社会科学文献出版社 2008 年版，第 7 页。

生回去以后，将为所在国发展提供更强劲的智力资源和人才储备，也将为中国企业扩大对非合作创造良好的人文条件，既有利于非洲国家自身发展，也有利于双边合作。①

有学者指出，中国对外援助容易引起大学生的误解，主要原因有以下几个方面。

第一，中国政府通常在国际会议、论坛等多个外交场合宣布对外援助举措和行动，有很多是多次宣布，却容易让大学生以为每次都是新安排、新计划。

第二，中国对外经济合作的方式非常多，有很多不是对外援助，但国内外媒体报道普遍使用了“支持”“帮助”其他地区和国家发展这样的表述，容易造成大学生误解。

第三，中国的对外援助项目主要都是由中国企业来实施的。而西方援助项目，很多是国际公司来承担，但其中有很大一部分是中国企业具体执行，因此容易形成只要是中国公司承建的都是中国援助的印象。中国的援外项目仍然是以能够看得见的基础设施建设为主，容易引起关注，而西方的援助则很大一部分是以看不见的能力建设为主，一般不太容易被大学生感知。②

正是因为存在误解，许多大学生对中国对外援助的态度并不是很支持。2010 年 6 月，一项北京部分高校大学生的调查显示，对“中国应该加大对第三世界国家的经济援助”的选择，有 57. 4% 的学生表示“同意”；但也有 12. 7% 的学生表示“不同意”，其中“完全不同意”的占 1. 6%；另有 29. 9% 的学

① 刘鸿武：《中国对外援助的逻辑与使命》，环球网 2018 年 8 月 27 日。

② 唐丽霞：《如何理解中国的对外援助》，澎湃新闻网 2018 年 9 月 5 日。

生表示“说不清”。[①] 作为世界上最大的发展中国家，中国一直将对外援助视为履行国际主义义务、推动建立国际政治经济新秩序的重要举措。中国在致力于自身发展的同时，也积极向世界提供自己的贡献，中国的对外援助，也从未有过以此为手段进行对外扩张的历史和意图。总之，中国的对外援助在当前的时代背景下具有必然性和必要性，既有基于中国现代发展需要的战略诉求与实践方式，更有源自中国历史传统的文化支撑与理念基础，其得失也需要从现代中国追求民族复兴与推进世界和平发展的广阔背景上来理解把握。古人云：“不谋全局者不足以谋一域，不谋万世者不足以谋一时。”习近平总书记指出，要树立战略思维和全球视野，站在国内国际两个大局相互联系的高度，审视我国和世界的发展，把我国对外开放事业不断推向前进。因此，大学生要理解国家行为，要认识“中国威胁论”“中国崩溃论”“中国责任论”等诸多概念被提出的实质，要对国家利益作出正确把握。

（三）国家利益的维护

国家利益的概念是在民族国家形成过程中，作为国家的外交指导原则提出来的，并伴随着国际体系及民族国家的转型而发展变化。在现代国际体系中，国家利益成为决定国家外交政策和对外行动的基本动因，也成为国际关系的核心因素。“只要世界在政治上还是由国家所构成，那么国际政治中实际上最后的语言只能是国家利益。”[②] 国家利益是指满足国家生存和

---

① 吕芳：《我国大学生国家认同与国际主义支持的实证研究——基于对北京高校大学生国家认同观的调查》，《马克思主义研究》2011 年第 8 期。

② ［美］汉斯·J. 摩根索：《政治学的困境》，商务印书馆 1994 年版，第 68 页。

发展的必要条件，它具有某种客观性质，这种客观性质使得国家利益可以从不同视角加以区分。从重要性可以区分根本利益与一般利益，从时间性可以区分长期利益与短期利益，从层次性可以区分战略利益与战术利益，从地域性可以区分国外利益与国内利益等。对于国家的外交政策、对外行为和大学生国际观研究来说，区分根本利益与一般利益意义最大。当涉及国家根本利益时，国家不但不会作出让步，而且都会拼死相争。只有在一般利益问题上，国家才有可能在某种情势或条件下，作出交换、妥协或让步。

国家是目前最复杂的社会政治组织，又身处复杂的国际体系之中，决定了国家利益的复杂性。这种复杂性表现为国家利益的复合两重性。

从国家范围看，按照马克思主义理论的观点，国家利益具有阶级性和民族性这一两重性。国家利益的阶级性，是由国家的阶级性质决定的。国家是阶级统治的工具，从本质上说，国家利益表现为国家中占统治地位的阶级的利益，表现为统治阶级维护和发展其社会制度和核心价值，追求其经济利益，简言之，国家利益主要反映了统治阶级巩固其统治的本质要求。所以，鲜明的阶级性是国家利益的根本性质和特征。

国家利益又表现出民族性。任何国家均由特定的民族所构成。虽然在阶级社会中民族是划分阶级的，但不可否认的是，民族生存和发展、繁荣昌盛所必需的条件——维护民族与国家独立、主权与领土完整，防止外来干涉与侵略，争取民族生存发展的良好外部环境，维护本民族的语言、传统、习俗、文化、宗教、尊严和生活方式，是任何国家的统治阶级都予以重视的。

自近代以来，任何阶级的统治，都是在民族国家范围内实施的，统治阶级的利益与民族的命运密切联系在一起。因此，统治阶级作为国家的执政者，不能不对全民族的共同利益负起责任，在确定和谋求国家利益时，必然把民族利益纳入国家利益。如果统治阶级的政策和行为从根本上违背了全民族的愿望和利益，统治阶级的利益就难以实现。在对外关系领域，民族性更多地表现为国家的凝聚力，国家利益也更多地以保护国家或民族的整体利益的面目出现。在反对外来欺侮、干涉、控制、入侵、维护民族尊严、发展民族经济、弘扬民族文化等方面，阶级利益与民族利益极易吻合，外交政策会成为举国一致的政策，全民族会为之而奋斗。如果两者发生尖锐对抗，会造成外交政策的失败。

当今世界，民主化与民族主义高扬，导致国家利益中民族性因素增长，这是一个不容忽视的客观现实。无论是在制定及实施本国外交政策时，还是在分析、评价别国外交政策与对外行为时，都必须清醒地看到这一历史性变化。因此，大学生要正确把握国家利益与国家行为，理解国际关系，就必须既重视别国国家利益的阶级性，又重视其日渐增长的民族性，防止片面强调前者，忽视以致抹杀后者。

从国际范围来看，国家利益的复合两重性还表现为特殊性与普遍性，或者个性与共性。世界各国都是特定社会历史发展的产物，由于历史的、社会的、政治的、经济的、文化的、宗教的以及民族的诸种国内因素和外部发展环境的不同，产生了各国特定的国家利益，国家利益表现出其个性或特殊性。这种个性或特殊性决定了各国千差万别的国家利益的本质、结构和特点。

一般来说，国家利益的差异、矛盾与对立，往往导致国际关系中的矛盾、竞争、冲突与对抗。在国际关系发生根本变革之前，国家间利益的不协调是基本的。各国的国家利益几乎没有完全相同的，也几乎没有完全冲突的。当今世界，合作与竞争、冲突并存，这充分说明，在国家之间，在不同领域和不同程度上，存在相似利益、互补利益、平行利益，即国家特殊利益中包含着普遍利益，或者说世界各国的共同利益，人类的共同利益。

历史条件的嬗变、国际体系的转型，极大地有利于国家共同利益的拓展。全球化趋势日益渗透到全球社会生活的各个领域，相互影响，相互需求，强化了相互依存，确立了全球日益广泛的共同利益范围。这种利益不是排他的，在一国获得自己利益的同时，其他国家乃至全世界都获得了好处，国家利益找到了更多的共同点，正在构筑更牢固的全球合作的基础。国家利益开始从军事安全利益向经济发展利益倾斜，多层次、多渠道的跨国合作深入发展，并趋于机制化，国际合作逐步成为世界各国普遍采用的生存方式和发展方式。武力在实现国家利益中的作用有所下降，对于妨碍和平、稳定与发展的局部冲突，也越来越倾向于采用和平谈判、国际合作的手段加以干预和制止，这一切充分表明了共同利益之所在。国家利益共性或普遍性的增长，正在塑造国际关系良好的发展前景。在某种程度上，各国已将人类必要的生存和发展条件纳入本国国家利益当中，因为这两者已越来越难以分割。

在国际关系史上，“民族主义精神一旦在民族国家内得以实现，就被证明是狭隘的和排他的，而不是世界主义和人道主义的”①。到殖民主义时代，西方列强因为这种排他的狭隘民

---

① ［美］汉斯·J. 摩根索：《国家间政治：权力斗争与和平》，徐昕等译，北京大学出版社 2006 年版，第 285 页。

族主义而相互之间产生矛盾，他们相互妥协的结果，就是牺牲殖民地国家的利益，这正是大国强国之间利益关系之所在，列强之间所谓的“国际利益”只存在于西方国家之间，旨在借全人类利益之名维持小国听命于大国霸权的世界秩序。中国共产党接受了马克思主义，也接受了国际主义，关注全人类利益，不排斥追求主权平等的国家利益，并在中华人民共和国成立后进行了国际主义的外交实践。

中国将争取民族独立、国家主权平等的斗争称为爱国主义，并于中华人民共和国成立初期提出：“我们的国际主义是要各国都独立平等。”“社会主义的爱国主义不是狭隘的民族主义，而是在国际主义指导下的加强民族自信心的爱国主义。”“反对失去民族自信心的、投靠大国的世界主义。”① 中国的国家利益诉求在当时主要表现在三个方面：其一，将维护国家的生存与安全置于最高位置；其二，捍卫国家独立自主，政治上对维护国家主权权利高度敏感；其三，在经济利益上强调社会主义阵营支持的重要性，并立足自力更生。② 改革开放以后，中国的国家利益诉求发生相应变化。2011 年 9 月 6 日，中国政府发表了《中国的和平发展》白皮书，界定出中国核心利益的范围。白皮书指出，中国的核心利益包括：国家主权，国家安全，领土完整，国家统一，中国宪法确立的国家政治制度和社会大局稳定，经济社会可持续发展的基本保障。国家利益诉求主要由国内因素驱动演变为国内因素与国际因素共同驱动，中国更注重国际“负责任大国”形象的塑造和对国际制度的融入，这反映了中国参与全球治理的利益诉求由单方

---

① 《周恩来外交文选》，中央文献出版社 1990 年版，第 55 页。

② 刘贞晔：《中国参与全球治理的历程与国家利益分析》，《学习与探索》2015 年第 9 期。

面的自身利益诉求向认同、接纳国际规制和国际社会共同利益的方向演变。

中国提出了构建人类命运共同体理念，强调的是以整个人类共同体为基本单位，以维护人类共同体权利为核心任务和目标，主张超越国家之间或者不同文明之间的一些分歧和冲突。因此，中国积极展开对外援助，加强同各国的合作与交流，充分展示中国形象以及为实现世界各国共同发展、共同进步所做的积极实践。但是，构建人类命运共同体并不是要否认和抛弃国家特殊利益，坚持主权是其所遵循的最基本原则。因为在当今以主权民族国家为核心的国际社会里，只有坚持以主权为核心的和平共处五项原则，坚持各国遵循联合国宪章确定的宗旨和原则，恪守国际法和公认的国际关系准则，才有助于建设一个和平、合作、协和的命运共同体。

在确定和分析国家利益时，必须坚持全面的观点，既重视国家利益的阶级性和特殊性，又不忘民族性和普遍性；必须坚持发展的观点，在继续肯定国家利益阶级性与特殊性占首要地位的同时，清醒地看到它的历史性变化，民族性与普遍性在不断增长中，国家利益的内涵在不断深化中，国家利益的兼容性也因此增强。

三、中国快速崛起与国外舆论变化

美国芝加哥大学政治学教授、建构主义国际政治理论的代表人物亚历山大·温特（Alexander Wendt）认为，一个国家是集类属身份、角色身份和集体身份多种身份于一身的复合体，而国家的身份会根据国际体系结构的变化而变化。[①] 按照一般理解，一方面，国家身份需要自我认定，即国家对自身特性以及在国际体系中地位和角色的自我理解，是“社会主义国家”还是“资本主义国家”，是“霸权国”还是“发展中国家”，是“中心国家”还是“边缘国家”等。另一方面，国家身份需要在与其他国家的互动过程中得以认定。如果不能明确身份，就会出现身份模糊，相应的国家行为会缺乏预见性，不仅使本国也会使他国产生焦虑状态。随着中国国际影响力的扩大，国际社会往往把中国看作一个大国甚至是和美国平起平坐的超级大国[②]，但从自身发展的程度特别是人均收入来看，中国一直把自身定位在“发展中国家”身份上。这种身份的差异受意识形态、社会制度、价值观念等因素的影响被进一步放大，使得中国面临来自外部世界的压力越来越大。新加坡国立大学东亚研究所所长郑永年对此解释道：“西方的学界和政界把中国的发展模式概括为‘权威资本主义’（authoritarian capitalism），由于这种模式与西方国家所秉持的民主发展模式（democratic development）背道而驰，因此被认为是会对西方政治价值构成巨大的挑战，也会对现存国际秩序产生负面影响。西方各国的这种普遍担忧促使他们有意无意地对中国施加共同的政治压力。”[③]

---

① ［美］亚历山大·温特：《国际政治的社会理论》，秦亚青译，上海人民出版社 2008 年版，第 220 页。

② 例如，美国著名经济学家弗雷德·伯格斯滕（Fred Bergsten）提出的“G2”概念。他认为，中国已经是个名副其实的经济超级大国，只有这种“G2”模式，才能准确定位中国的新角色。类似的还有英国著名历史学家、哈佛大学教授尼尔·弗格森（Niall Ferguson）创造的新单词“Chimerica（中美国）”，认为中美已走入共生时代。

③ 郑永年：《中国的文明复兴》，东方出版社 2018 年版，第 103 页。

2005 年 9 月 21 日，时任美国副国务卿罗伯特·佐利克（Robert B. Zoellick）在美中关系全国委员会上就美中关系问题发表了题为《中国往何处去——从正式成员到承担责任》的演讲。他提出中国应做“负责任的利益攸关方”（a responsible stakeolder），认为“中国需要认识到，别的国家会如何看待中国采取的行动。中国与那些有问题的国家发生牵连，轻者说明不了解会产生什么后果，重者可能引起更严重的问题。中国的行动，连同缺乏透明度的问题可造成风险。难以预料中国将如何运用其力量，将导致美国及其他国家做好两手准备处理对华关系。很多国家都希望中国走‘和平崛起’之路，但谁也不会以自己的未来作赌注”①。英国剑桥大学高级研究员马丁·雅克（Martin Jacques）则认为，当前的中国进入了新时代，中国变得强大了，带给世界新型的发展和繁荣，中国需要以一种不同的方式来审视自我，意识到自身的责任以及可能性，它的未来和世界的未来以及全球经济的未来紧密相连。② 马丁·雅克再三强调，中国崛起是一个伟大的、非同寻常的历史时刻，它背后是世界的根本性转变。③

面对中国的崛起，一些国家和学者持有强烈的猜疑和不安感，由此产生了“中国威胁论”。20 世纪 90 年代初，时任美国费城外交政策研究所亚洲项目主任芒罗（Ross H. Munro）发表了《正在觉醒的巨龙：亚洲真正的威胁来自中国》一文，

---

① ［美］罗伯特·佐利克：《中国往何处去？——从正式成员到承担责任》，《财经文摘》2006 年第 1 期。

② ［英］马丁·雅克：《中国将要向何处去?》，《中国报道》2019 年第 1 期。

③ ［英］马丁·雅克：《中国将成为怎样的全球性大国?》，中国日报网 2019 年 5 月 16 日。

认为美国必须消除来自中国的威胁，否则中美战争不可避免。[①] 美国学者哈克特（James Hackett）如此形容："在苏联解体后，一个新的邪恶帝国正在出现，它的名字叫中国。"[②] "中国人抢走美国人饭碗""中国正在殖民非洲""中国窃取信息技术影响网络安全"等论调更是层出不穷。

"中国威胁论"认为中国的"威胁"主要来自权力威胁、军事威胁、经济威胁、能源资源威胁、生态环境威胁和价值观威胁等方面。中国作为崛起的大国，必然要求与经济地位相适应的话语权，必然要挑战和削弱现存的世界领导者的权力，因此会发展军事力量，从而对世界和平构成主要威胁。中国在加强对外投资和倾销产品的同时，会阻止外国的产品和投资进入，影响美国和其他国家的利益。中国经济发展需要消耗大量能源资源，并且是二氧化碳排放量全球第一的国家，同时中国不透明不确定的政治发展模式会挑战和威胁到西方自由民主价值观。[③]

"中国威胁论"逐渐由西方学界向决策层蔓延，影响到一些国家的外交决策。2017 年底和 2018 年初，特朗普政府连续发布了《美国国家安全战略报告》和《国防战略报告》，将中国定性为"修正主义国家"和"挑战美国利益、经济和价值观的对手"，首次将中国列为"首要威胁"，美国对华政策出现了重大变化。据国防大学青年学者崔远航的统计，以

① Ross H. Munro, "Awakening Dragon: The Real Danger in Asia is from China", *Policy Review*, No. 62 (1992), pp. 10–16.

② James Hackett, "Between Dragon and Wrath", *Washington Times*, 04 August 1995.

③ 张云莲、李福建：《"中国威胁论"对中国国家形象的挑战》，《思想理论教育导刊》2016 年第 8 期。

“China threat”为关键词、利用谷歌新闻（Google news）搜索2017年10月18日至2018年3月10日的相关英文报道，剔除相关性有限的文章，共得到主题论述“中国威胁”的报道41篇。[①] 2018年2月13日，美国联邦调查局（FBI）局长克里斯托弗·雷伊（Christopher Wray）在美国参议院情报委员会公开听证会上将中国留学生称为威胁，认为在美国的中国留学生可能暗地里为中国政府搜集情报。此后，在FBI的一些相关报告中还呼吁美国高校防范中国学者的渗透，警惕孔子学院。[②] 2018年10月4日，美国副总统迈克·彭斯（Mike Pence）就中美关系发表演讲，全面阐述了特朗普政府对华政策，妄评中国现行内外政策，认为中国正在进行军事、经济和政治方面的“积极扩张”，并表示，美国前任政府忽略中国的这些行动，“这样的日子结束了”[③]。

因此，围绕着如何看待中国国际地位和回应“中国威胁”，目前学术界将其研究的重点分为两个方向。其一，在对中国崛起所引发的权力转移问题进行理论梳理和探索的基础上，进一步分析中国崛起对世界的积极启示和影响，对“中国威胁论”作出一定的正面回应。现任中国南海研究协同创新中心执行主任、南京大学教授朱锋和美国著名中国问题专家罗伯特·罗斯（Robert Ross）2008年共同主编了《中国崛起：理论与政策的视角》一书，汇集了中美两国著名学者的观点，研究和把握中美两国“权力转移”有可能出现的趋势和将会

① 崔远航：《十九大以来西方媒体眼中的“中国威胁论”：特点与趋势分析》，《对外传播》2018年第4期。

② 王俊生：《直面美国新一轮“中国威胁论”》，《世界知识》2018年第16期。

③ 《彭斯发言的蛮横与偏见》，光明网2018年10月10日。

产生的后果，这些学者普遍认为在权力转移阶段中美之间的战争并非不可避免，存在包括全球和地区复杂格局以及相互依赖等多种结构性的变量，将使两国间的安全困境和对战争的预期得到缓和，中国崛起并不是世界的威胁，反而更有可能是世界发展的机遇。

法国学者埃里克·伊兹拉莱维奇（Erik Izraelewicz）在其著作《当中国改变世界》中，把中国崛起看作既成事实，有其历史的合理性，客观上对世界经济的发展有利，又认为这会给世界带来巨大的冲击，可能为中国提供了左右世界的工具。① 沈大伟在其论文《中央帝国的回归：21 世纪的中国与亚洲》中指出，主宰半个世纪亚洲地区力量地壳结构板块正在变化，中国正在回归作为亚洲中心的历史地位，中国在本地区的影响力也在持续增加，而且中国的周边国家也在不断要求中国发挥地区主导力量，或者至少他们在日益考虑中国的利益和关切。中国的外交本身变得更加自信、全方位和积极。沈大伟强调“亚洲将成为中国控制”的观点是不成熟的，21 世纪的亚洲国际关系格局不会成为单纯的“中国中心”，本地区主导的趋势更有可能是相互依存的国家与非国家行为体的广泛网络，中国是这个网络的中心，将会与美国、日本、东盟和印度分享地区舞台。②

而一些学者认为中国崛起使全球权力发生转移，“中国中心主义”已经出现，同时，美国霸权的衰落也已不可避免。21 世纪将是中国的世纪，中国的发展不仅是中国自身的变化，

---

① ［法］埃里克·伊兹拉莱维奇：《当中国改变世界》，姚海星、斐晓亮译，中信出版社 2005 年版，第 219 页。

② David Shambaugh, *Return to the Middle Kingdom*: *China and Asia in the Early Twenty-First Century*, Berkeley: University of California Press, 2005, pp. 23-27.

而且向人们展示了一种新的发展模式。更为重要的是，这种模式已经开始在经济、社会以及政治方面改变整个国际发展格局，中国正在指引世界其他一些国家在有一个强大重心的世界上保护自己的生活方式和政治选择。①

其二，将中国崛起与责任承担联系起来，国际责任是国家作为国际社会成员的派生物，认为力量增长意味着责任承担，崛起中的中国无可避免地需要承担起相应的国际责任，中国的发展以及中国愿意承担更大的国际责任将给世界经济带来更多机遇。面对中国日益增强的力量，"中国责任"渐渐成为国际体系内的主要国家的对华主流态度，从而构成对中国国际角色的外部期待与约束。② 2017 年 6 月 12 日，巴拿马巴雷拉政府宣布与中国建交，其重要原因是巴雷拉认为"中国代表着未来"③。

美国哈佛大学教授江忆恩（Alastair Iain Johnston）等学者通过拟定衡量标准，认为中国正在越来越积极地融入国际社会，并已成为现存国际体系内的现状型国家，他得出了这样的结论："从总体上看，中国接受现有的国际机制，可以判定中国已成为国际体系的支持者、稳定者和改革者。"④ 英国牛津大学教授富特（Rosemarie Foote）和美国波士顿大学教授诺兰

① 2004 年 5 月，曾任美国《时代》周刊高级编辑、现任基辛格咨询公司常务董事乔舒亚·库珀·雷默在英国伦敦外交政策中心发表了《北京共识》的调查论文，引发了国际社会对中国模式的广泛探讨。雷默强调中国的崛起使每个国家都看到了靠自身力量成为一个强国的希望，虽然不至于强大到足以称霸的程度，但至少可以强大到实现自决。参见新华社 2004 年《参考资料》。

② 牛海彬：《评析"中国责任论"》，《复旦国际关系评论》2008 年第 1 期。

③ "*Panamanian President - Elect Will Respect Diplomatic 'Truce' Taiwan, China*", Caracas, 19 June 2014.

④ Alastair Iain Johnston, "Is China a Status Quo Power?" *International Security*, Vol. 27, No. 4 (2003), p. 5.

(Janne E. Nolan) 等学者却认为中国如果不能在主权、人权和治理方式上改变观念，则很难被认同为国际社会中负责任的一员。由于大国责任在国际社会中没有明确的界定和评价的统一标准，与广大发展中国家对中国承担国际责任促进世界共同发展的积极期待不同，美国等西方大国表现出另外论调的“中国责任论”。

早在 1994 年 10 月，时任美国国防部部长威廉·佩里 (William Perry) 在中国人民解放军国防大学发表演讲时就提出：“冷战的结束为亚太地区敞开了大门……当今美中两国面临的挑战是确保这一地区未来几代人享有充分的稳定与繁荣。在这一方面，美中两国负有共同的特殊的责任。”① 2006 年 9 月 27 日，普林斯顿大学伍德罗·威尔逊公共与国际事务学院发表的、汇集 400 多位来自不同党派、反映美国各界精英主流意见的《铸造法制之下的自由世界——21 世纪美国国家安全战略》(简称《普林斯顿报告》) 声称：“美国的目标不应当是阻止或者遏制中国，而应当帮助它在目前的国际秩序范围内实现其合理的抱负，成为亚洲和国际政治生活中的一个负责任的利益相关者。”② 同年，欧盟理事会在一份报告中提出中国应在贸易、知识产权保护、人权、援助、气候变化和地区安全等领域承担更大的国际责任。③ 美国所带动的“负责任”的

---

① 刘连第：《中美关系重要文献资料选编》，时事出版社 1996 年版，第 391—392 页。

② G. John Ikenberry&Anna-Marie Slaughter, Forging a World of Liberty under Law: U. S. Strategic Security in the 21st Century—Final Report of the Princeton Project on National Security, 2006, p. 58.

③ Council of the European Union, “Council Conclusions on EU-China Strategic Partnership”, 2771th External Relations Council Meeting, Brussel, 11 & 12 December, 2006.

“利益相关者”成为国际社会谈论中国时的一个时髦用语。“中国责任论”压倒性地构成了中国所面临的主要国际舆论环境。①

美国的“中国责任论”的含义可以概括为一句话：中国正在崛起，但还不是个充分负责的国家，中国应该承担与其实力相称的责任，从而成为国际社会负责任的一员。就其本质而言，美国的“中国责任论”就是要以美国模式来塑造中国，并要求中国与美国合作来共同维护美国领导的国际体系。② 美国的“中国责任论”反映了美国的利益需求，就是通过转移责任降低其霸权成本，从而更长久地维持其霸权周期。对此，中国对国际责任的承担有着自己的认知。习近平主席在2013年接受拉美三国媒体采访时指出：“不仅致力于中国自身发展，也强调对世界的责任和贡献。”③ 尤其值得关注的是，中国针对国际社会特别是西方国家提出的中国责任范畴和领域，中国政界与学界做出积极回应，即中国对国际社会的责任，应由中国政府和人民自己来定义。④ 李克强总理在《2014年政府工作报告》中指出：“中国是一个负责任的大国，我们将积极参与国际多边事务，为解决全球性问题和热点问题发挥建设性作用，切实维护国际公平正义，推动国际秩序朝着更加公正合理方向发展。中国愿同世界各国一道，推进人类持久和平，实

---

① 金灿荣：《从“中国威胁论”到“中国责任论”——中国国际舆论环境的变化与应对》，《绿叶》2009年第5期。

② 同上。

③ 《习近平接受拉美三国媒体联合书面采访》，《人民日报》2013年6月1日。

④ 周桂银：《中国崛起过程中的国际责任》，《江海学刊》2009年第5期。

现共同发展繁荣。”①“负责任的大国”成为此后中国官方表达自身身份和形象的一个重要措辞。有学者指出，尽管“中国责任”是中国崛起进程中不可回避的话题，但中国的国际责任，其一，不能由西方大国来设定。西方大国所说的“中国责任”主要是要求中国在维护现存体系稳定、反恐、反核扩散、人民币汇率、贸易平衡等方面承担更大的国际责任，实际上希望中国听命于西方大国。其二，中国是通过承担好国内责任来承担国际责任的。中国责任是国内责任与国际责任的统一，更为重要的是承担好国内责任，因为如果内部问题没有得到有效解决，中国就不可能有能力有资格去承担国际责任，国家的国际责任是其国内责任对外的特殊延伸，国内责任优先于国际责任，中国承担国际责任的前提是承担好自己的国内责任。② 所以，中国的国际责任既取决于国际社会对中国的期待，又需要以中国综合国力的提高为前提。随着国力的不断增强，中国将在力所能及的范围内承担更多国际责任和义务。

从目前看，中国维护周边地区安全与发展，奉行互利共赢的开放战略，实施“一带一路”战略，推动建立亚洲基础设施投资银行，积极参与全球体系的改革完善，推动构建人类命运共同体，积极为妥善应对全球性挑战和解决地区热点问题提供更多中国建设性方案，已经展示了作为负责任大国的积极形象。但中国现阶段主要责任还在于发展，面临国内经济下行压力加大、一些地方财政收支矛盾较大、深度贫困地区脱贫攻坚困难较多、生态保护和污染防治任务仍然繁重等诸多现实问题，壮大自身实力的国内责任远远大于分担体系运行成本的国

---

① 《李克强在第十二届全国人民代表大会第二次会议上作的政府工作报告》，中国政府网 2014 年 3 月 14 日。

② 潘世伟等：《中国模式研究》，第 335—341 页。

际责任。因此，过早过多地承担中国目前实力所不济的责任，势必影响发展，从而最终影响中国的责任追求。如果经济能够不断发展，个人生活状况不断得到改善，民众对国家承担的更多更大的国际责任的支持也越大。反之，如果民众对美好生活的需求不能持续得到满足，很难从经济发展中获益，对国家的对外政策支持就会减弱，甚至会提出质疑。所以，从这个角度来说，国际政治是国内经济和政治的延续，正如邓小平所强调的："归根到底还是要把我们自己的事情搞好。"①

搞好自己的事情就是要使中国完成自己的既定目标，实现中华民族伟大复兴的中国梦，但中国能否完成自己的目标，国际社会对此持有两种截然不同的态度，一种是悲观态度，一种是乐观态度。悲观态度一般也被称为"中国崩溃论"。20世纪90年代初，与"中国威胁论"看似矛盾实质相同的思潮开始在西方世界流行起来，这就是"中国崩溃论"。"中国崩溃论"是"中国威胁论"的延伸，更确切地说是中国问题的另一面。前者是中国问题的曲意扩大（如预测中国即将崩溃），后者是把中国的成就故意夸大（如认为中国正在"威胁"美国）。许多美国智库和国际组织从经济增速减缓、政府债务负担过重、股市波动较大、腐败现象严重、道德失范、诚信缺失、贫富差距拉大、生态环境问题突出等多方面集体"唱衰"中国，这在相当程度上影响了感觉敏锐、信息接收非常迅速的中国留学生群体，以中国留学生为中介，进而影响到了国内大学生对中国自身发展前景的信心。实践证明，"中国非但没有崩溃，反而综合国力与日俱增，人民生活水平不断提高，'风景这边独好'。历史和现实都告诉我们，只有社会主义才能救中国，只

① 《邓小平文选》第二卷，第240页。

有中国特色社会主义才能发展中国，这是历史的结论，人民的选择"①。

虽然无论从哪个方面来看，中国都不可能崩溃，国内学者以及部分国外学者已经接连发表文章批驳"中国崩溃论"，但其中所反映的问题却不能予以忽视，更不能任由其论调在大学生群体中泛滥。"如果我们不及时注意和采取坚定的措施加以制止，而任其自由泛滥，就会影响更多的人走上邪路，后果就可能非常严重。从长远来看，这个问题关系到我们事业将由什么样的一代人来接班，关系到党和国家的命运和前途。"②

乐观态度的基本问题是在肯定中国已经崛起的基础上，对中国何时以及如何成为世界强国作出分析和预测，这里的世界强国一般是特指美国的经济、军事、政治影响力、文化软实力和国际地位。对于何时崛起，单纯从经济角度普遍的看法是需要一定时间的。按照目前的 GDP 计算，中国的经济规模已经达到美国经济规模的 63%，经济合作与发展组织认为至少要到 2030 年，中国经济规模才能与美国平起平坐。瑞银集团亚太区首席经济学家乔纳森·安德森（Joanthan Anderson）认为，中国只需维持 8% 的年经济增长率，就可以在 2030 年成为发达国家，即使增长率降到 6% 或 7%，最多也只是延迟几年达成目标。③ 美国卡内基国际和平基金会高级研究员裴敏欣认为，按照市场价值计算，中国在 2035 年才能超过美国，前提是中国必须保持目前的经济发展速度。美国中央情报局也认为

① 中共中央文献研究室编：《十八大以来重要文献选编》上，中央文献出版社 2014 年版，第 110 页。

② 《邓小平文选》第三卷，第 45 页。

③ Minxin Pei & Jonathan Anderson, "The Color of China", National Interest, No. 100 (March 2009), pp. 13-30.

需要一代人的时间（25 年），中国经济规模才有可能超过美国。多数国外学者对中国人均收入增长的估计并不像总体经济增长那么乐观，一些学者甚至认为中国人均收入要 200 年才能赶上美国。至于与经济发展相伴生的政治影响力、文化软实力等方面，学术界普遍认为中国与美国有相当大的差距。

对于如何崛起，其实质就是中国能否和平崛起，这也是学者最为关注的焦点，学界的观点和态度比较复杂。中国学者倾向于用文化主义来解释中国和平崛起的可能性，例如，中华文明的崇尚和谐决定其和平发展的崛起方式，中华民族的和平、仁慈影响了中国和平崛起的可能性，中国国家的核心利益就是坚持和平发展的道路等。① 而国外学者对此进行的探讨主要有以下三种理论视角。

第一种理论视角是现实主义，也是目前最有影响力的理论。该理论认为国际体系的性质是无政府的自然状态，一个国家的安全依赖于其本身的国家实力。在国际体系中，一个国家力量的增强必然导致现在国际社会中权力的转移。由于权力的排他性，一个国家的崛起，常常意味着权力的分享，而权力转移的过程，必然充满矛盾、冲突和战争。在“霸权国”和“崛起国”之间存在着紧张和猜疑，“崛起国”不会满足于成为一个现状维持国，会最大化本国的权力，必然会挑战现有国际秩序。霸主国和崛起国的核心竞争领域就是国际领导权。

在现实主义学者的理论中，既有的国际秩序，包括既有秩序的维持国被置于合法的地位，维护既有国际秩序的行为被认为是合理并且是合法的，崛起国则被视为既有国际体系的破坏

① 邓永昌：《中国和平发展与西方的战略选择》，社会科学文献出版社 2008 年版，第 3 页。

者，即使危险性有程度的差异，但新兴崛起的大国总是危险的，是一个“非法”的挑战者，为了谋求自身利益试图打破本来趋于“平衡”的国际体系，这种谋求利益的行为是“不合法”“不道德”的。基于现实主义的分析，国际社会中唯一一次和平崛起的案例是美国，中国和平崛起的可能性是极小的，所以现实主义的理论观点可以被看作“中国威胁论”主要的理论根源。

进攻性现实主义学派代表人物约翰·米尔斯海默（John J. Mearsheimer）在其名著《大国政治的悲剧》[①]中直言，国家本身具有“进攻性”，对国家利益的追求和对世界权力的向往，国家的外在表现——军事的对外扩张性，同样会使中国重复历史上后起大国的挑战行为模式，美国和中国很可能会在安全领域发生激烈的对抗，甚至极有可能爆发战争，因此中国不可能和平崛起。米尔斯海默在他最近的文章《美国为什么要遏制中国的崛起》中，再次强调了中国对国际秩序带来的冲击和对美国霸权地位的挑战。米尔斯海默的观点一般被看作“修昔底德陷阱”的深层逻辑根源，即由于中国的崛起，中美发生战争不可避免。因此，美国必须充当离岸平衡手[②]的角色，对中国进行制衡，以防止潜在对手的威胁，也就是先发制

① 由于《大国政治的悲剧》始终站在美国维护自身世界霸权的立场，论述美国应该怎样维持自身的地位，并有效地应对新型崛起国（中国）对其地位的挑战，本书甚至被贴上了“中国威胁论”的标签。

② 所谓离岸平衡手，就是当远离美国的地区出现潜在的霸权国时，美国首先让霸权国所处地区中的大国对其进行制衡，以达到渔人得利的效果，例如，在东亚地区，美国通过与亚洲国家结盟或者寻找亚洲代理人（日、韩、澳大利亚等）的方法对中国（崛起大国）进行间接制衡和压制；如果地区大国对霸权国的制衡行动失败，美国便使用其军事力量去消除威胁并在该地区重塑均势以使自己收兵。详见［美］约翰·J. 米尔斯海：《大国政治的悲剧》，王义桅、唐小松译，上海世纪出版社2003年版，第342—343页。

人的遏制，而中美在2018年开始的持续贸易摩擦似乎可以为他所说的“结构性冲突”作注解。曾在2003年至2005年间于美国副总统办公室担任国家安全事务副助理的普林斯顿大学政治与国际关系学教授阿隆·弗里德伯格（Aaron L. Friedberg）则从“民主和平论”[①]出发，认为中共政权不透明的性质是中美两国摩擦的肇因，意识形态上的巨大分歧显著加剧了中美之间的对抗，成为两国敌对和互不信任的根源。实际上，现实主义者往往将中国视为一个咄咄逼人的扩张国，将会威胁国际秩序的稳定和安全，而把美国看作一个仁慈的霸权国，是不得不对中国的崛起和挑衅作出“回应”的“现状”国。

第二种理论视角是新自由主义。该理论的核心概念是国际机制、相互依赖以及国际合作。作为国家可以通过融入国际制度的方式实现崛起，国与国可以通过国际制度增进相互交流和相互信任，以消除怀疑和猜忌。国际规则的主导权是霸主国与崛起国竞争的核心领域，因此，只要在地区层面上，中国在亚太地区开展积极的和平外交，通过多种渠道增进国与国之间的相互了解和政治互信；在国际层面上，积极全面地参与国际机制，使中国和西方的利益产生更大的交集，从而将中国纳入和平的世界体系，在国际标准和法律的约束下，实现互利共赢，中国的和平崛起就是可能的。

第三种理论视角是建构主义。建构主义主张用社会学视角观察世界政治，强调结构、规则和认同等因素在国际关系中的作用，认为国际社会中，各行为主体之间互信和集体认同就能够形成和平的国际秩序。建构主义国际政治理论的代表人物亚

① 民主和平论是西方自由主义的重要观点，该观点认为，民主国家之间不打仗，而其他情况则不然。

历山大·温特从观念、身份认同和体系文化等角度来看待国家间互动和国际体系中的和平与战争，认为国际社会的无政府状态取决于国家对自身身份的认同，身份决定利益，“没有利益，身份就失去了动机力量；而没有身份，利益就失去了方向”①。利益则决定了行为，霸主国与崛起国竞争的核心领域在于包括国际主流价值观在内的国际规范的塑造权。国家的对外行为由国家的自我身份认同和对于互动对手的身份认同所塑造。而国家之间的关系互动，存在三种可能的状态，即敌人（“弱肉强食”霍布斯式）、对手（“相互尊重”洛克式）和朋友（“集体安全”康德式）。中国是否和平崛起取决于是否寻找到了自身正确的身份定位与国际社会的认同定位。

中国是否和平崛起的探讨，实质上并不是对中国自身崛起的担忧，而是中华人民共和国的崛起引起了西方国家的担忧。提出“北京共识”概念的乔舒亚·库珀·雷默就做了这样的分析：即使你看不懂中文，只要看看“崛”这个表意文字，它描绘的是一场地震。“‘崛’字中像 P 的那个部分，实际上是汉语里面用来指称死人身体的一个字——尸……中国的崛起将会将世界旧秩序之‘尸’弃之不理。太平洋两岸的个别新保守主义者不得不想办法判断中国可能认为哪个国家会被埋葬、哪个国家将会成为掘墓人。”② 对于中国崛起的忧虑源于历史表明快速崛起的国家在国际舞台上开始变得坚定而自信，正如兰普顿所说的：“中国已经从一个沉浸于旧日屈辱且极其易被激怒的国家，一个对于任何承担领袖角色的暗示都十分敏

---

① ［美］亚历山大·温特：《国际政治的社会理论》，第 226 页。

② ［美］乔舒亚·库珀·雷默等：《中国形象：外国学者眼里的中国》，第 5 页。

感的国家，转而成为一个自信的国家。”① 这种自信是否意味着中国未来将成为改变现状者还是维持现状者，国外学界对此有很大争议。

很多美国学者认为崛起国实力的快速增长也会使得它的邻国和区域内的霸权国担心未来局势的演变，因此至少会在某种程度上采取制衡，而崛起国无疑会将这种举动解读为对其崛起的遏制或者阻碍，结果是埋下了一条夹杂着野心、不安、或真实或臆想的怨念的潜在导火索。②

2014 年 1 月，美国《世界邮报》创刊号刊登了对中国国家主席习近平的专访，针对中国迅速崛起，必将与美国、日本等旧霸权国家发生冲突的担忧，习近平反驳说，我们都应该努力避免陷入“修昔底德陷阱”，认为强国只能追求霸权的主张不适用于中国，中国没有实施这种行动的基因，国强必霸并不是普世的历史逻辑。

“修昔底德陷阱”（Thucydides's Trap），是由美国哈佛大学肯尼迪学院首任院长格雷厄姆·艾利森（Graham Allison）在其文章《修昔底德陷阱：美国和中国在走向战争吗?》中提出的概念，他对古希腊学者修昔底德所写的《伯罗奔尼撒战争史》描述几近毁灭古希腊两大城邦的战争原因进行了现代研究。修昔底德在书中这样解释战争原因，即“使战争不可避免的真正原因是雅典势力的增长以及因此而引起的斯巴达的恐惧”，艾利森将其命名为“修昔底德陷阱”，他发现从 16 世纪上半叶到现在的近 500 年间，在 16 个有关“崛起大国”与

---

① David Lampton, *There Faces of Chinese Power: Might, Money, and Minds*, Berkeley, CA: University of California Press, 2008, p. 4.

② ［美］加里·J. 斯密特主编：《中国的崛起：美国未来的竞争与挑战》，韩凝等译，新华出版社 2016 年版，第 4—5 页。

“守成大国”的案例中，其中有12个都以战争收尾，只有4个得以幸免，由此艾利森认为一个新崛起的大国必然要挑战现存大国，而现存大国也必然会回应这种威胁，这将导致战争变得不可避免。因此，中美必须妥善处理结构性压力，并构建和平的双边关系。“修昔底德陷阱”表明了一种安全困境，即在国际无政府状态的情境下，每个国际行为者都担心被其他行为者侵害、占领或消灭，因此为了安全就要增加权力；但对方也会增加权力以应对威胁，若两个行为者无法调控分歧，那么只有通过战争来解决问题。一些西方学者却因为“修昔底德陷阱”产生这样的战略忧虑：中国是否、将于何时取代美国，成为世界霸主？古典世界的历史悲剧是否会在当代重演？这种战略忧虑与西方国家长期处于国际规则制定者和世界秩序主导者的地位有关，长期处于主宰、支配地位，习惯于发号施令，就会时时担心谁可能取代自己的霸权地位。今天，因中国迅速崛起而引发的美国和其他一些国家的恐惧，让一些人认为中国与其他大国的关系也有可能掉进这个“修昔底德陷阱”。其实，这是对中国大国关系的一种误读，也是少数人一种根深蒂固的偏见，因为他们“忽视了中国文化与历史，以及文化、历史因素会如何影响中国对安全与经济政策的考量。此外，他们还选择性地使用论据。在被引用最多的报纸专栏作家中有一些人——偶尔也是学者，他们只提出那些可以支持其立场的引述和数字，却忽略那些无法佐证其立场的引述和数字”①。

鸦片战争后，中国经历了受人欺凌、割地赔款、山河破碎的深重苦难，屈辱的近代史使中国人民更加认识到和平的可

① ［美］西蒙·赖克、理查德·内德·勒博：《告别霸权：全球体系中的权力和影响力》，陈锴译，上海人民出版社2016年版，第92页。

贵。习近平总书记指出：“中国人民对战争带来的苦难有着刻骨铭心的记忆，对和平有着孜孜不倦的追求，十分珍惜和平安定的生活。中国人民怕的就是动荡，求的就是稳定，盼的就是天下太平。”① 而且中华民族历来是爱好和平的民族，始终秉持“己所不欲，勿施于人”的价值理念，绝不会在站起来、富起来、强起来之后把自己的意志强加于人甚至以强凌弱。中国无论发展到什么程度，永远不称霸，永远不搞扩张，不仅是中国对世界的庄严承诺，中国也将用实际行动来证明中国的崛起不会构成世界和平的威胁，反倒是维护世界和平的中坚力量。面对国际上对中国各种批评、质疑、歪曲和诋毁的声音，甚至采取和平演变、经济制裁、外交围堵、军事威胁等手段遏制中国的发展，中国始终坚持用和平谈判来消除误解、管控分歧、解决争端，以最大诚意维护和平的国际环境。

2014 年，习近平主席在应德国科尔伯基金会邀请发表演讲时指出：“中国不认同‘国强必霸’的陈旧逻辑。”“中国的发展绝不以牺牲别国利益为代价，我们绝不做损人利己、以邻为壑的事情。我们将从世界和平与发展的大义出发，贡献处理当代国际关系的中国智慧，贡献完善全球治理的中国方案，为人类社会应对 21 世纪的各种挑战作出自己的贡献。”② 2015 年 9 月，习近平主席访美时提到：“世界上本无‘修昔底德陷阱’，但大国之间一再发生战略误判，就可能自己给自己造成‘修昔底德陷阱’。”③ 习近平主席指出：当今世界，开放包容、

① 《习近平关于实现中华民族伟大复兴的中国梦论述摘编》，中央文献出版社 2013 年版，第 65 页。

② 《“平语”近人——习近平关于全球治理的重要论述》，新华网 2015 年 11 月 16 日。

③ 《习近平在华盛顿州当地政府和美国友好团体联合欢迎宴会上的演讲》，新华网 2015 年 9 月 23 日。

多元互鉴是主基调，相互联系、相互依存是大潮流，和平、发展、合作、共赢是主旋律。没有和平，发展就无从谈起。今天的世界发展出现了新特征，就是经济全球化使各国之间形成了一荣俱荣、一损俱损的利益关联，这不仅大大弱化了大国对抗的意愿，更显著降低了彼此发生冲突和战争的风险。大国对抗与独霸世界已经成为历史，国际社会只能走相互合作的道路。和平、发展、合作、共赢的时代潮流，为中国构建新型大国关系奠定了基础。2016年，习近平总书记在庆祝中国共产党成立95周年大会上的重要讲话中再次指出："中国共产党人和中国人民完全有信心为人类对更好社会制度的探索提供中国方案。"① "中国方案"反映了中国社会发展的成就与潜质，为全球化时代的国际交往与合作提供了合理思路，体现了中国特色社会主义的制度自信与世界历史意义，也为大学生客观全面理解中国外交，树立正确国际观提供了现实资源。在党的十八大之后，面对国家快速发展和国内外舆论的变化，大学生国际观有无变化，有何变化，变化的原因是什么，这需要进一步的实证考察。

① 《习近平在庆祝中国共产党成立95周年大会上的讲话》，《人民日报》2016年7月2日。

第三章

观念的镜像：中国大国地位与大学生国际观的现状

一、调查方法

（一）理论基础

国际格局（或称世界格局），就是国际政治舞台上的各种力量（主要是主权国家和国家集团）相互联系、相互作用，在一定历史时期形成的一种结构，它是一定历史时期内国际关系比较集中而概括的表现形式。[①] 我国学界一般认为，国际格局是“指对国际关系有重要影响的国家（国家集团）或基本政治力量相互作用而在一定历史时期形成的国际关系结构。它由各方力量相对稳定的均衡而形成，又随力量对比的变化而变化”[②]。按照现实主义国际政治学者肯尼斯·沃尔兹（Kenneth N. Waltz）的观点，观察世界格局需首要考察“体系”和

---

① 李景治、林甦：《当代世界经济与政治》，中国人民大学出版社 2010 年版，第 1 页。

② 钱其琛主编：《世界外交大辞典》下，世界知识出版社 2005 年版，第 1845 页。

“结构”。

国际体系是指互动的多个行为体（包括国家、国际组织、跨国公司等，最主要是国家）相互作用而构成的有机整体。现代国际体系不存在中央权威和强制约束力，处于无政府状态，安全困境、自助、零和博弈成为常态。国际体系是在平等原则基础上组合起来的，其组成单位以及单位间没有隶属关系，但体系内部单位的力量分配是不平衡的，这种不平衡不仅规定了国家在体系中的位置，而且规定了它们利益、目标和地位的追求与获得，大国、强国、霸权国成为国际体系中占主导地位的单位。沃尔兹通过对国际体系和国内体系的区分，进一步加强了国际格局的独立性。

现代国际体系结构展现在全球层次上，是世界主要大国、国家集团在一定历史时期内互动而形成的相对稳定的国际核心结构和战略态势，它是体系内能够对全球重大事态发展发挥作用的单位，即所谓“极”，从而形成了国际格局。[①] 在结构上，国内政治结构和国际政治结构存在三个显著的差异：（1）排列原则。国内体系是具有垂直特性的等级排列的，而国际体系则是无政府特性无序排列的，无政府性决定了国际体系的自助特征。（2）单位特征。在国内体系中，等级体系暗含了国家政治体系中各官僚机构直接的从属关系，以及各部门之间的区别，而在国际体系中，就单元层次的国家而言，尽管存在国家与国家之间的差别，国家之间没有功能和形式的区别，单位之间是平等关系，因而国家之间的协调十分重要。（3）单位能力分配。在国内体系中，国家处理机构之间的关系时，依据的

---

① 俞正樑：《国际关系与全球政治——21世纪国际关系学导论》，复旦大学出版社2007年版，第70页。

是各领域内的组织情况，政府的各部门或团结或分裂或对抗，或不同程度地合作，这是国内体系中各种关系的形成和消解。而在国际体系中，单位之间的区分主要是看它们执行相似任务能力的大小，能力分配的变化标志着结构的变化，形成不同的体系结构，如两极和多极。判断国际体系结构是否发生变化，主要就是根据体系的排序原则、单位的具体功能和单位之间的能力分配这三种变化来判断。因此，正确判断国际政治中的权力格局，必须明确：（1）主要行为体是什么，有几个？（2）行为体之间形成了什么样的主要关系？（3）行为体和主要关系通过什么形式显示出来？

由于国际格局反映了国际体系的核心结构，西方学者以此为中心设计了各种国际体系模式，一类是力图反映实际的模式，另一类是分析性的理论模式，属于可能的未来型。[①] 国际关系行为体主体力量对比变化，特别是霸权的更迭、霸权国的国际战略以及地区和国际秩序的调整则反映了国际格局的变迁。

（二）样本说明与研究方法

（1）调查对象。以陕西省西安市高校大学本科学生为抽样调查对象，因为在2012年9月15日全国多地反日游行中西安行为表现最为激烈，甚至发生了“打砸抢群体暴力事件”，对大学生的影响较大。调查样本分布在西安理工大学、西安交

---

① 美国芝加哥大学教授莫顿·卡普兰（Morton A. Kaplan）做过系统的研究，建立了六个国际体系模式，分别是均势体系、松散的两极体系、牢固的两极体系、全球体系、等级统治体系和单位否决体系，他认为国际体系的稳定性与其一体化程度成正比，全球体系和等级统治体系最为稳定。参见［美］莫顿·卡普兰：《国际政治的系统和过程》，薄智跃译，上海人民出版社2008年版，第56-91页。

通大学、西北大学、长安大学、西北工业大学、西安外国语大学、西安电子科技大学和陕西师范大学八所高校，既有“985”院校，也有“211”院校，还有一般省级院校，文科高校与理科高校相结合，具有较强的代表性。调查活动共进行了两次，时间跨度接近三年，目的是进行认知形成的变化追踪。第一次调查的时间为 2012 年 9 月，第二次调查的时间为 2015 年 5 月。之所以选择 2012 年作为调查的起点，原因在于 2012 年为国际社会的大选年，有 58 个国家选举换届，国际社会迎来政策调整的集聚效应。同年，党的十八大召开，新一届中央领导集体产生，国内国际政策随之出现许多重要调整。这是国内和国际两个大局变化的重要节点。

第一次调查只针对大一和大二学生，共获得有效问卷 351 份，被调查者在接受调查时的平均年龄为 19 岁，其中男生 193 名，女生 158 名，男女比例基本持平，涵盖了文史类、理工类、经管类和艺术类四个学科类别的学生，从政治面貌来看，共青团员占了绝大部分，极少数属于群众和共产党员。调查采取问卷形式，问卷设计为三部分，第一部分是受调查者基本信息，包括性别、年龄、专业、政治面貌、家庭所在地。第二部分为国际格局观的基本认知。第三部分是国际事务了解的渠道和对中日关系、中美关系、国家利益的自我感受。问卷回收后进行统一编码，并对调查结果进行数据分析，将调查数据与文献研究相结合，力求得出全面、准确、客观的结论，从而为大学生国际观认知形成与效果评估提供实证支撑。

表 3-1　第一次调查样本基本信息（N=351）

变量	分类	人数	百分比
性别	男	193	55%
	女	158	45%
年级	大一	217	61. 8%
	大二	134	38. 2%
专业	文史类	87	24. 8%
	理工类	166	47. 3%
	经管类	59	16. 8%
	艺术类	39	11. 1%

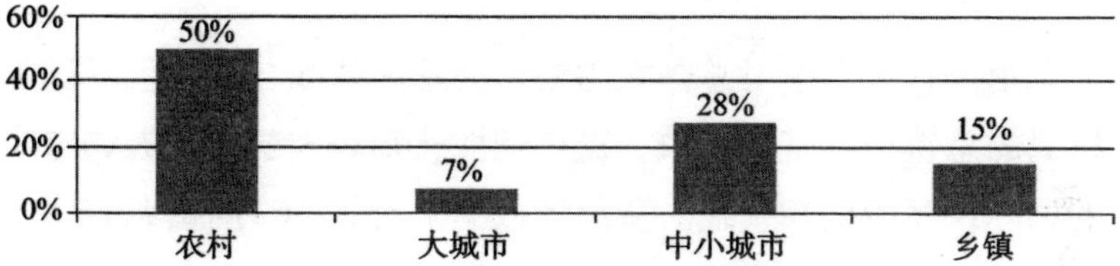

图 3-1　参与调查者家庭所在地

表 3-2　了解国际事务的渠道

方式	人数	百分比
电影、电视	14	4%
广播	242	68. 9%
书籍报刊	12	3. 4%
互联网	78	22. 2%
学校教育	3	0. 9%
出国旅游	2	0. 6%

（2）测量变量。调查的自变量为国际体系的调整和国内政治变迁的时间权变，因变量为大学生的国际格局观的认知现状及其对国际政治活动的关心度和参与度。其中，大学生的国际格局观的调查通过 10 个问题，集中从总体权力格局、霸权力量消长、区域力量的调整以及中国在国际体系中的位置四个层面，反映当代大学生对国际格局现状认知以及对国际格局发展趋势的预测。

二、数据分析：问卷调查结果

（一）第一次调查结果

第一，大学生对总体权力格局的总体认知与当代世界国际格局的总体结构基本一致，这种理性认知是大学生把握调整中的国际秩序的认知基线。从统计数据来看，59% 的被调查大学生认为现在是多极化的世界，34% 的大学生认为现在是一超多强。这与中国强调当前存在一超多强的现状，以及国际格局多极化趋势而非定势的国际体系深刻调整基本一致。

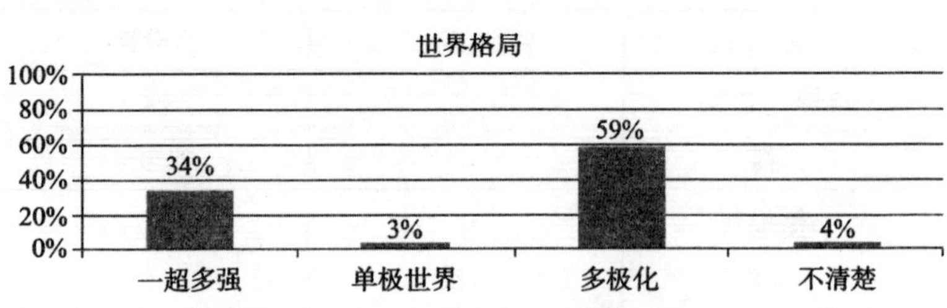

图 3-2　大学生对总体权力格局的总体认知

被调查大学生认为国际社会中的“多极”力量主要是美国、中国、俄罗斯、英国、日本和德国，其支持率分别占

100%、91%、86%、65%、64%和58%。

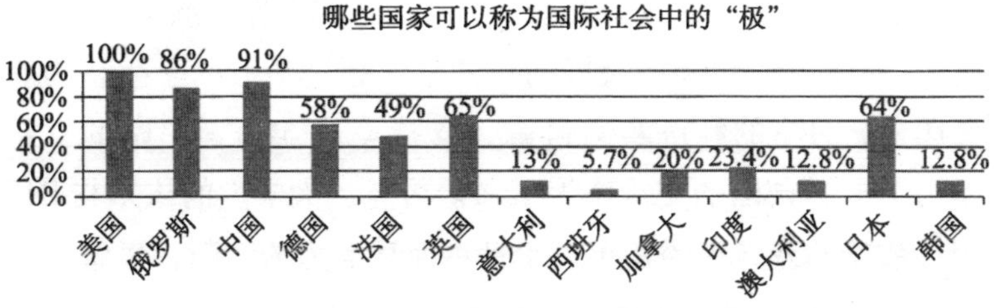

图 3–3　大学生对国际社会中的“多极”力量的认识

在“美国的霸权处于何种状态”这一问题上，53%的大学生认为美国的霸权处于衰落期，15%的大学生认为美国霸权处于上升期，另有24%的学生认为美国的霸权处于鼎盛期。多数学生认为美国的霸权正在衰落，并对多极化趋势持肯定态度，这反映了大学生对多极化未来发展趋势的积极态度。

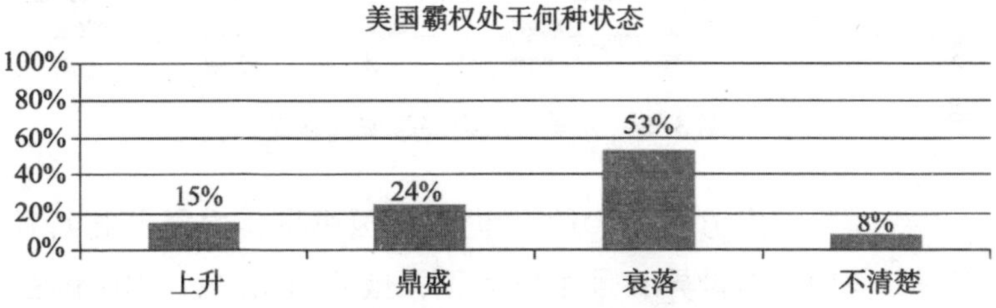

图 3–4　大学生对美国霸权所处状态的认识

第二，大学生对于不同问题领域的认知，与国际社会的情形存在一定偏差。例如，在国际经济格局中，如果按照世界各国GDP的排名情况，国际货币基金组织（IFM）2014年4月8日公布的2013年世界各国GDP数据显示，2013年全球GDP总量达到73.98万亿美元，美国GDP为16.7997万亿美元，位居第一；中国GDP为9.1814万亿美元，位居第二；日本

GDP 为 4.9015 万亿美元，位居第三；排名第四到第十的国家分别为：德国、法国、英国、巴西、俄罗斯、意大利和印度。① 而大学生对经济领域的认知中，超过半数的学生认为除美国外，日本的经济实力最强，支持率达 54%，中国的支持率为 16%，德国的支持率为 12%。可见，大学生的认知与 IMF 统计数据的差异主要在于对于日本经济实力的判断，尽管中国的 GDP 是日本的近两倍，但由于中国人口基数大，人均收入的现实感受与国家综合国力状况之间存在一定距离，加上长期受日本作为全球第二大经济实体固有印象的影响，大学生对中国实际经济实力变化的感知滞后于国家总体经济实力的增长。

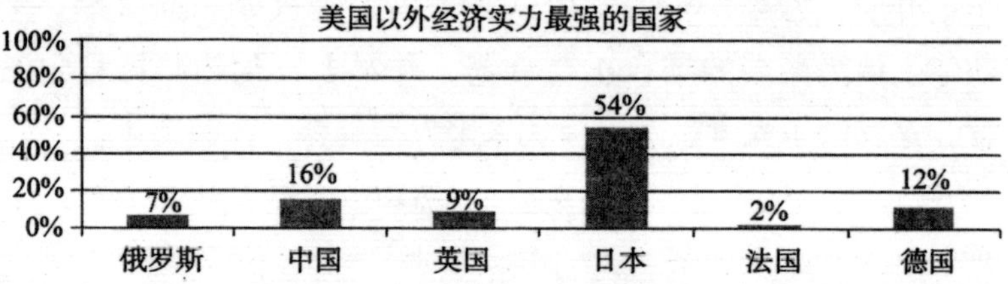

图 3-5 大学生对经济领域的认知

在军事实力方面，2012 年世界各国军事实力最新排行榜表明，美国仍是世界头号军事大国，俄罗斯第二，中国第三，紧随其后的依次是印度、英国、土耳其、韩国、法国和日本。而在对大学生的国际军事格局认知的调查中，尽管支持俄罗斯的学生相对占多数，支持率达到 32%，但值得注意的是，认为日本军事实力仅次于美国的学生占 23%，高于中国 21% 的支持率，而日本在世界各国军力排行榜上为第十名，这显示出中国大学生对日本军力发展高度关注和警惕。

① 国际货币基金组织：《2013 年世界经济展望》，国际货币基金网 2014 年 4 月 8 日。

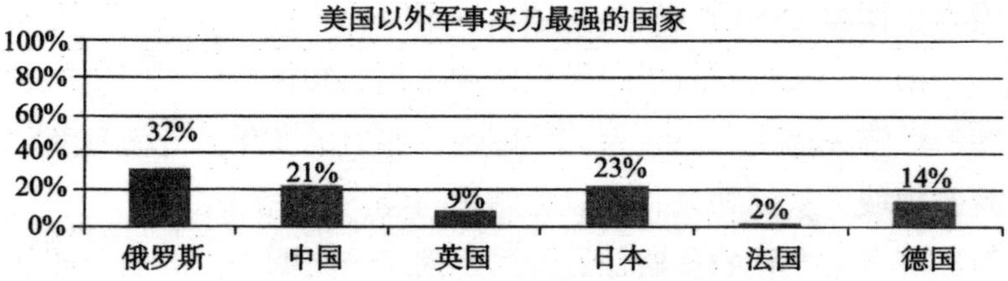

图 3-6　大学生对国际军事格局的认知

在文化软实力方面，2011 年英国《金融时报》援引了斯科尔科沃—安永新兴市场研究所推出的 2010 年各国软实力排名，美国以总体 87 分高居软实力榜首，法国与德国紧随其后，中国以 30.7 分排在软实力榜的第 8 位。① 而大学生认知调查则显示更多的学生认为中国是美国之外文化影响力最强的国家，其支持率达到 43%，支持日本的占 19%，英国则占 17%，分列第三、四位。

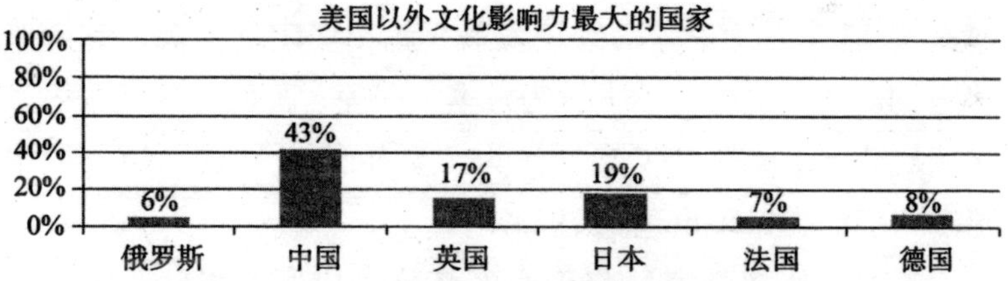

图 3-7　大学生对文化影响力的认知

这种认知差异一方面显示了大学生对国内文化制度的自信。随着中国国力的不断提升，大学生对本国文化越来越具有认同感。另一方面，日本文化、英国文化的强势辐射使得中国

① 《各国软实力排名中国位居全球第八》，《中国对外贸易》2012 年第 2 期。

大学生体验到的两国软实力超出其国际评价。①

第三，大学生对于国际秩序调整的认知保持乐观。国际机制的经济进程决定论认为，一国经济实力的变化会外溢到其他问题领域，从而导致总体权力结构与经济进程的结构趋同，因而经济实力变化的预期是评价国际秩序未来调整方向的重要指标。中华人民共和国商务部 2013 年公布的《世界主要经济体在 2013—2014 年度的经济预期》显示，据 IMF 预计，2013 年发达经济体经济将增长 1.2%，比 2012 年低 0.3 个百分点。2013 年新兴经济体和发展中国家整体经济增速预计为 4.5%，比 2012 年低 0.4 个百分点。同时，美国的经济增速放缓，比 2012 年低 1.2 个百分点，对欧洲的经济预测也有所下降，日本则与上年持平。2013 年中国经济延续回落趋势，预计全年增长 7.5%，在金砖国家中依然是最快的。② 而得益于改革开放 30 多年经济增速的稳定性，针对“未来经济发展趋势好的国家”，学生对于中国的经济发展显示出坚定的乐观，支持率达到 84.3%。同时，学生认为日本、美国、德国发达资本主义国家的经济也将持续发展，作为“金砖国家”之一的发展中国家印度的支持率也达到 39.3%。

英国《经济学家》将新兴经济体分成两个梯队：第一梯队为中国、巴西、印度、俄罗斯和南非，也称“金砖国家”（由这五个国家英文首字母组成“BRICS”）；第二梯队包括墨西哥、韩国、波兰、土耳其、哈萨克斯坦、埃及等“新钻”

---

① 根据对一些学生的访谈，他们对日本文化软实力的认同主要由于对日本动漫的喜爱以及港台流行音乐对日本音乐的大量模仿与借鉴，而对英国文化软实力的认可主要在于长期学习英语过程中对英美文化的了解。

② 陆燕：《2013—2014 年世界经济形势分析与展望》，中华人民共和国常驻联合国工业发展组织代表处 2013 年 12 月 30 日。

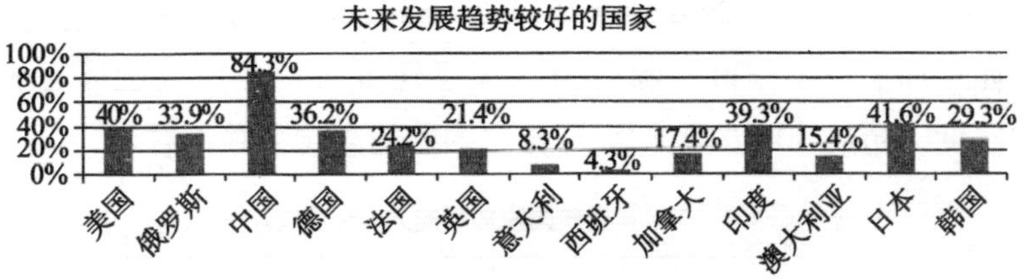

图 3-8　大学生对未来经济发展趋势的认知

国家。[1] 无论是“金砖国家”，还是“新钻”国家，亚洲国家数量的占比突出。对“你认为现在有哪些新兴国家”问题的回答，中国、印度、东盟国家、南非、俄罗斯和巴西占据支持率的前六位。调查也显示了学生认知的新兴国家经济体主要是亚洲的群体性崛起，中国、印度、东盟国家等亚洲国家都被认为是国际社会中的新兴国家。从前六位新兴国家由高到低的支持率来看，除对中国、印度传统地区性大国发展前景看好之外，对东盟国家的支持率也达到 40%，超过了南非、俄罗斯和巴西。

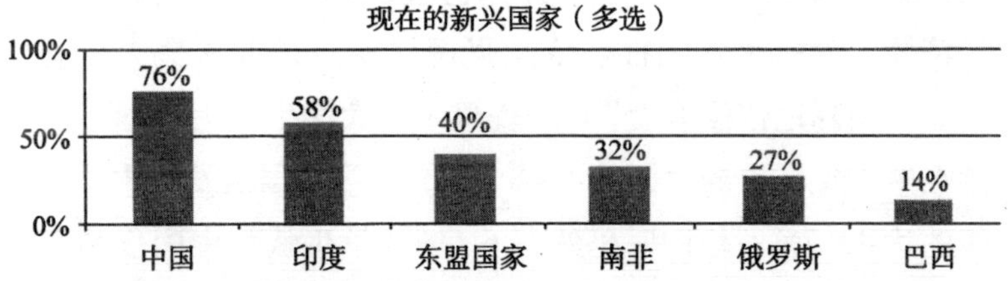

图 3-9　大学生对新兴国家的认知

① 2006 年，全球知名的投资银行美国高盛公司根据劳动力成长、资本存量与技术成长三项指标预估了成长潜力仅次于金砖国家的 11 个新兴市场，包括巴基斯坦、埃及、印度尼西亚、伊朗、韩国、菲律宾、墨西哥、孟加拉国、尼日利亚、土耳其、越南，称其为“新钻 11 国”（Next—11，简称 N—11）。

同时，仅有 28% 的学生认为金砖国家有很大的影响力，如果加上“不知道”和认为“无足轻重”两个选项所体现的态度，超过 70% 的大学生对金砖国家的影响力并不看好。

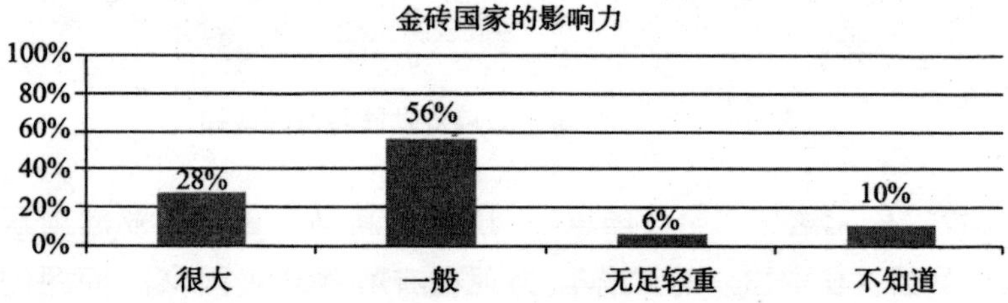

图 3-10　大学生对金砖国家影响力的认知

这说明虽然金砖国家都具有较好的发展态势，但彼此之间同其他伙伴开展密切合作、建立合作机制、协调彼此立场、加强集体行动等方面表现不足，因此影响到了学生对金砖国家影响力的认知。

第四，大学生对于中国在国际体系中的多重地位和身份的问题高度敏感。2010 年中国已成为仅次于美国的世界第二大经济体，党的十八大报告依然强调“我国是世界最大发展中国家的国际地位没有变”。调查显示，大学生认为中国是国际社会中举足轻重的大国的占 48. 7%，认为中国是发展中国家身份的达 42. 7%，但同时仍然有 6. 6% 的学生认为中国仅是一个二流国家。

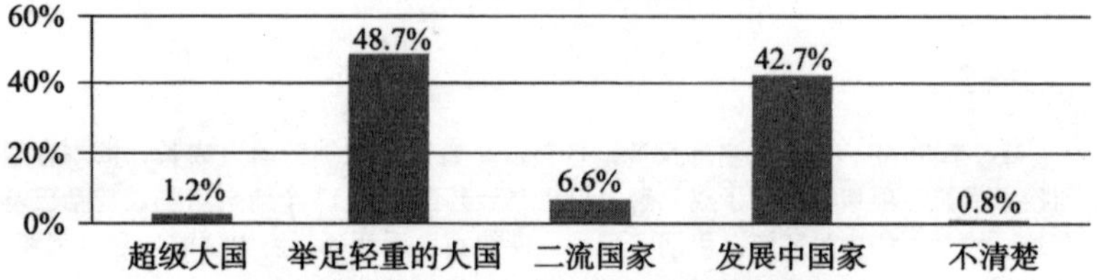

图 3-11　大学生对中国国家地位的认知

大学生的这种认知与国家正在寻求新的国际定位的趋势是一致的。面对中国快速崛起后国际地位、作用和责任的变化，有学者指出："一方面，中国释放出了作为一个新兴崛起大国具有的较高地位信号，另一方面，中国又释放出了作为一个脆弱的发展中国家的地位信号。"① 这表明大学生对中国在国际社会中的地位和身份保持了高度敏感。

（二）第二次调查问题与结果

第二次调查的时间为2015年5月。之所以选择2015年进行第二次调查，在于2015年初，美国最著名的外交家、国际问题专家亨利·基辛格（Henry Kissinger）出版了《世界秩序》一书，引发了学界与政界关于未来世界秩序变迁的热议。基辛格认为："今天'国际社会'一词在各种场合出现的次数之频繁可能超过了任何一个时代，然而从这一词中却看不出任何清晰或一致的目标、方式或限制。"② 围绕世界秩序概念的讨论，其中一个核心议题，就是我国人大外事委员会主任委员傅莹所说的中国成长与秩序之争。美国方面先是资深中国通沈大伟抛出了"中国崩溃论"，接着约瑟夫·奈又提出了"美国世纪没有终结"论。③ 而2014年5月28日，时任美国总统奥巴马在西点军校发表演讲时称，中国的经济崛起和军事扩张让

---

① 地位信号释放是指政府或领导人运用一些行为或言辞，传递一个国家希望获得或已经获得的特定国际地位的若干信息。换言之，地位信号释放旨在改变或者维持国内观众和国际观众对相关国家的国际地位所持有的看法。参见蒲晓宇：《地位信号、多重观众与中国外交再定位》，《外交评论》2014年第2期。

② ［美］亨利·基辛格：《世界秩序》，胡利平、林华译，中信出版集团2015年版，序言Ⅷ。

③ 康欣：《超越现实主义的权力算计才有均势与和平——评亨利·基辛格新著〈世界秩序〉》，《上海证券报》2015年8月26日。

邻国忧心忡忡，强调美国在未来 100 年要继续“领导世界”，如果美国不行，别国也不行。① 这些论点的前提一方面是大国关系出现深刻调整，美国想继续“领导世界”已经出现“力不从心”的现象。另一方面是中国国内经济发展进入新常态，由过去的高速增长转入中高速增长。

在国内国际结构变迁背景下，大学生国际格局观与 2012 年调查相比有没有发生变化，在哪些方面发生了变化，变化的原因是什么？为了解开这些谜题，课题组展开了第二次调查，希望通过数据对比发现大学生国际格局观的认知变迁并分析其原因。在这次调查中，为和第一次调查做有效对比，也只选择了大一、大二学生，回收有效问卷 398 份，其中男生 273 名，女生 125 名，平均年龄为 20 岁。与第一次调查的基本信息相比，本次受调查者家庭所在地为城市的有了大幅度提升，来自中小城市与大城市的学生共占 44%，比第一次提高了 9%，来自乡镇的也提高到 17%，家庭所在地为农村的则明显下降，由原来的 50% 降至 39%。同时，国际事务信息获取方式上也有了较大变化，由原来的广播转变为网络。

表 3-3　第二次调查样本基本信息（N=398）

属性	分类	人数	有效百分比
性别	男	273	68. 6%
	女	125	31. 4%
学历	大一	227	57%
	大二	171	43%

① 《奥巴马坚称美国必须领导世界》，新华网 2014 年 5 月 29 日。《奥巴马：美国还要领导 100 年》，搜狐网 2014 年 5 月 30 日。

续表

属性	分类	人数	有效百分比
专业	文史类	126	31.7%
	理工类	186	46.7%
	经管类	75	18.8%
	艺术类	11	2.8%

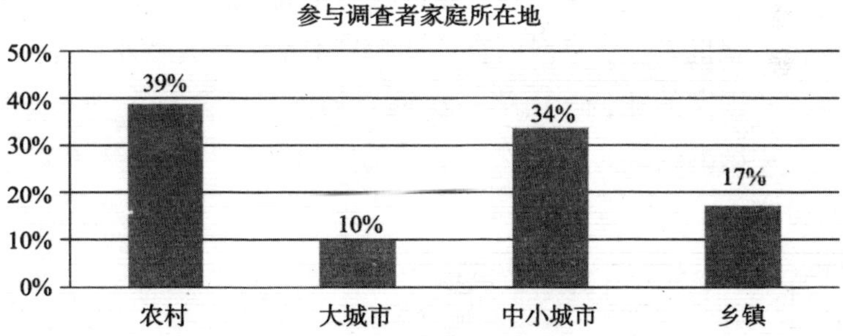

图 3-12　第二次被调查者的家庭所在地

表 3-4　获取相关国际事务信息的渠道

方式	人数	百分比
网络、电视	201	50.5%
书刊	54	13.6%
思想政治课	140	35.2%
其他	3	0.7%

第一，对总体权力格局的认知基本保持不变。调查结果显示，51%的大学生认为目前世界格局为多极化世界，比第一次调查下降了8%。另有44%的大学生认为世界格局为一超多强，增长了10%，仅有2%的大学生认为目前是单极世界，下降了1%。

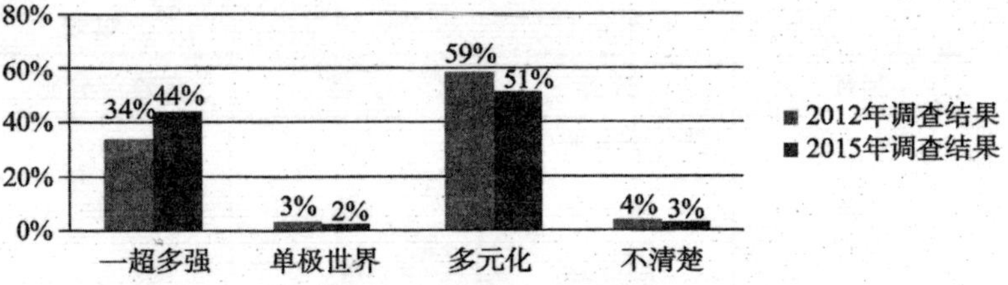

图 3-13　大学生对总体权力格局的认知变化

第二，对于不同问题领域的权力格局，大学生的认知差异较大。就世界经济格局而言，认为日本是除美国之外经济实力最强的国家的比例，由第一次调查的 54% 下降到了 36%，而认为中国的经济实力仅次于美国的则达到 36%，上升了 20 个百分点。

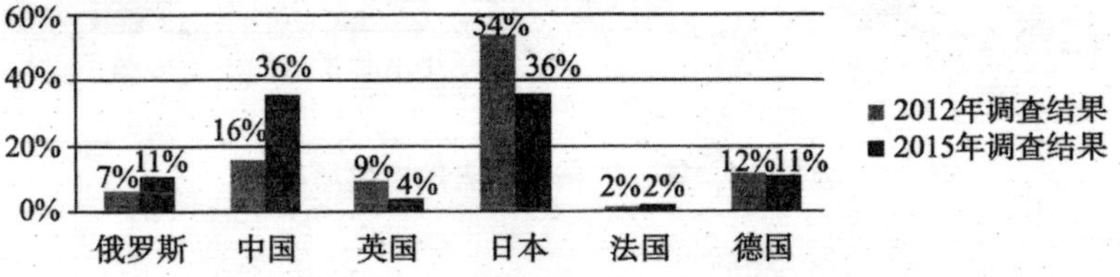

图 3-14　大学生对美国以外经济实力最强国家的认知变化

论及世界军事格局，39% 的学生认为俄罗斯是除美国之外军事实力最强的国家，与第一次调查相比上升了 7%。认为日本军事实力仅次于美国的大学生比例由 23% 下降到了 9%，支持中国的比例则由 21% 上升到了 36%。

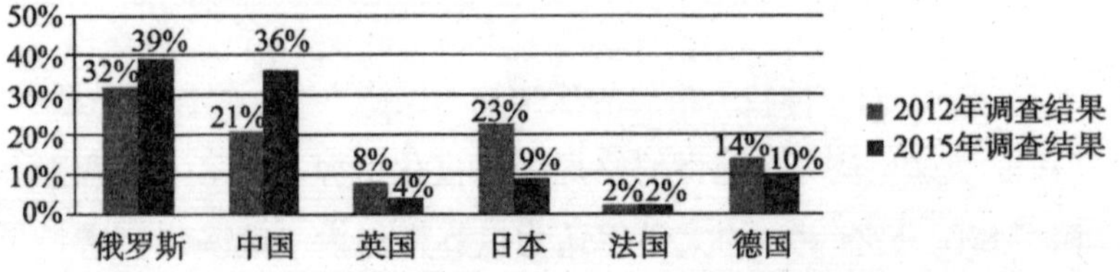

图 3-15　大学生对美国以外军事实力最强国家的认知变化

在文化格局上，大部分学生认为美国仍然是世界上文化影响力最强大的国家，同时认为中国在国际上的文化影响力也十分强大，在“美国以外文化影响力最大国家”这个问题上，与第一次调查相比，支持中国的大学生由43%上升到了56%，支持日本的变化不大，增加了1个百分点。对英国文化影响力的认知明显淡化，由17%下降到了8%。

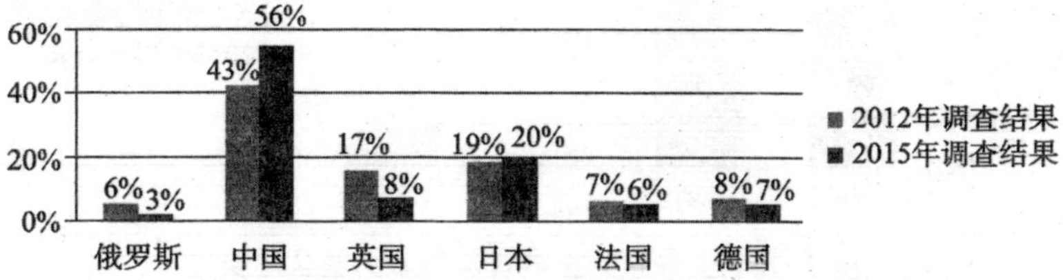

图3-16　大学生对美国以外文化影响力最大国家的认知变化

第三，对霸权力量消长的认知呈明显的认同态度。在“美国的霸权处于何种状态”这一问题上，认为美国的霸权处于衰落期的大学生由53%上升到了58%，认为美国霸权处于上升期的由15%下降到了10%，认为美国的霸权处于鼎盛期的由23%下降到了19%。

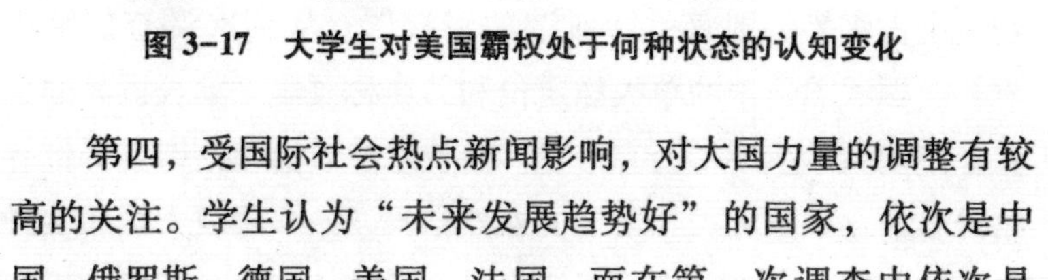

图3-17　大学生对美国霸权处于何种状态的认知变化

第四，受国际社会热点新闻影响，对大国力量的调整有较高的关注。学生认为“未来发展趋势好”的国家，依次是中国、俄罗斯、德国、美国、法国，而在第一次调查中依次是中、日、美、印、德。同时，金砖国家的影响力有了提升，认为影响力很大的由 28% 上升到了 36%，认为影响力一般的由 56% 下降到了 50%，认为影响力无足轻重的也由 6% 下降到了 3%。

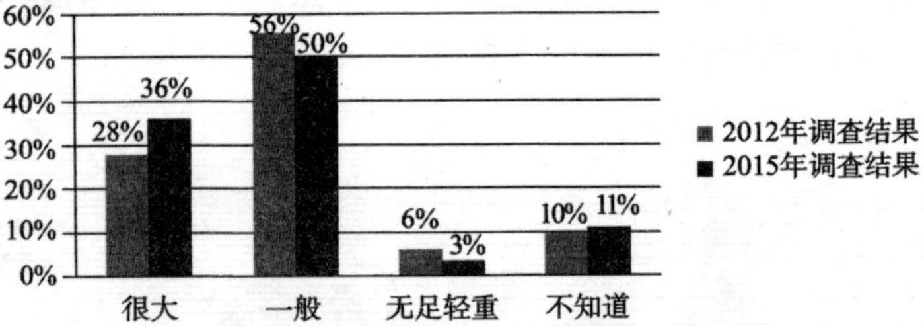

图 3-18　大学生对金砖国家影响力的认知变化

（三）两次调查的综合分析

（1）中国大学生有较为稳定的多极格局观。一般而言，最典型的国际政治权力格局有三种类型，即多级格局、两极格局和单极格局。多级格局表现为三个或三个以上的战略力量相对均衡、相互制约，各种力量在国际事务中相对独立，相互之间不存在隶属关系。两极格局则表现为两个大国或两大集团之间相互独立和相互制约，在整个国际事务中起着支配性的作用。这种类型的格局在历史上曾多次出现，并且更多地表现为两大集团的对立和相互制约。单级格局则表现为国际体系中存在一个占优势的国家，即所谓的霸权国。从两次调查的结果看，美国试图营销的单极稳定论和其声称要建立单极世界的主张在中国大学生中不会有市场。高校思想政治理论课强调世界格局多极化是国际关系发展的必然结果，一个超级大国和多种力量并存，是多极化格局最终形成前的较长过渡时期内世界力量对比的基本态势，这种分析对大学生国际观认知形成有明显影响。一方面，新兴市场国家和发展中国家群体性崛起正在改变全球政治经济版图，世界多极化和国际关系民主化大势难逆，以西方国家为主导的全球治理体系出现变革迹象，这些事实在很大程度上塑造了大学生对国际格局的正面看法。但另一方面，大学生对世界多极化进程的长期性和曲折性认识不足，没有充分估计到国际格局发展演变的复杂性，缺少对推动国际关系民主化需要付出艰巨斗争的清醒认识，存在盲目乐观的情绪。同时，在调查中也发现，大学生对国际格局的判断主要是从新闻事件和思想政治课时政解说中获得的，只能泛泛谈论现在，往往不能较好地回答国际格局发生了哪些变化、变化的原因及趋势。实际上，自 1648 年威斯特伐利亚体系形成以来，国际政治权力格局的流变经历了五个阶段：威斯特伐利亚体系格局、维也纳体系格局、凡尔赛—华盛顿体系格局、雅尔塔体系格局和冷战后的体系格局。能比较准确地说明这五个阶段的流变的大学生数量较少，都集中在个人兴趣上。这说明，大学生的国际格局观还缺乏历史理解，需要系统地补充。

（2）中国大学生对国际秩序深刻调整的反应十分敏感，但同时意识到这种调整不是根本性和决定性的。其中，国际体系变迁反映到经济、军事和政治领域，最大的变化来自中国地位的上升和日本、俄罗斯地位的相对下降。与此相适应的是更多的学生认为，美国的霸权正在衰落。

（3）对于国际社会“新兴国家群体性崛起”，还是中国外交认为的“新兴经济体”的发展，学生感受到的新兴国家崛起更主要的是亚洲的整体崛起，他们对于中国、印度、东盟的发展前景预期超过了巴西、南非和俄罗斯，这与亚洲国家整体影响力与话题度的提升有紧密联系。当然，大学生对金砖国家的期望值也在提升。21世纪前10年，除美国之外，世界上人口最多的四个国家（中国、印度、印度尼西亚和巴西）的经济增长率都在5%以上，其中三个属于金砖国家，而2015年印度经济增速首次超过中国。2018年7月，习近平主席出席在南非约翰内斯堡举行的金砖国家工商论坛时指出："新兴市场国家和发展中国家对世界经济增长的贡献率已经达到80%。按汇率法计算，这些国家的经济总量占世界的比重接近40%。保持现在的发展速度，10年后将接近世界总量一半。"① 而美国高盛集团预测，到2027年，金砖国家的国内生产总值总和将超过7国集团国家的国内生产总值总和，比以前预计的还要提前10年。总体而言，与欧美一些专家看衰金砖国家不同，大学生对金砖国家影响力的预期在上升。

（4）值得注意的是，随着中国经济实力的提升，特别是党的十九大强国战略的提出，大学生对中国形象的认知出现了自我肯定的趋势，同时，对于中国文化影响力的自信心显著加强，国产电影《战狼2》票房收入高达56亿元人民币更是大学生津津乐道的事情，他们希望中国在国际社会上扮演更加重要的角色。

三、访谈个案：个人差异比较分析的结果

（一）典型个案

为进一步把握大学生国际观认知形成过程中存在的错

① 习近平：《顺应时代潮流 实现共同发展——在金砖国家工商论坛上的讲话》，《人民日报》2018年7月26日。

误知觉，除对调查问卷进行统计分析外，还进行了个案访谈，这样可以更有效地获得大学生对国际问题的态度与观点，注重他们的意见与表达，以弥补调查问卷不能反映的问题。在公开公正、自愿保密的原则下，征得被调查学生同意后按照访谈提纲展开访谈，主要围绕对日本的好感与恶感、中美关系的判断、古代中国的国际地位与形象进行，问题的设置是以更为开放为原则的，也涉及敏感性话题，这样容易使受访者将自己的认知、情绪、价值观念等直接表现出来，从而可以更好地获得受访者的真实想法，使课题研究不仅仅在于发现大学生国际观的认知表现，更为重要的是更深层次地探究为什么大学生的国际观认知中存在错误认知，其背后的形成原因是什么。从2015年至2018年共访谈了21个学生，11个男生，10个女生，分别为大一至大四的不同专业学生。

表3-5　访谈样本基本信息（N=21）

	大一	大二	大三	大四
男	3	3	3	2
女	3	3	2	2
合计	6	6	5	4

这里首先择取4种典型回答的要点，再做总体情况分析。

访谈对象1：

张××，男，西北工业大学微机电系统工程专业大一学生，18岁，曾经家庭旅游去过荷兰、德国，比较喜欢看历史书，对国外的了解主要是亲身感受、新闻媒体和书籍。访谈时间：2018年11月17日。

访谈对象 2：

侯××，女，西安理工大学工商管理专业大二学生，19 岁，没有出过国，对历史感觉一般，对国外的了解主要通过电视新闻和网络评论。访谈时间：2016 年 11 月 3 日。

访谈对象 3：

程×，男，西安交通大学英语专业大二学生，19 岁，短期旅游去过美国，历史知识自我感觉良好，了解国外信息的渠道主要是 BBC、CNN 等国外媒体。访谈时间：2018 年 11 月 19 日。

访谈对象 4：

齐××，女，长安大学车辆工程专业大三学生，21 岁，没有出过国，喜欢日本动漫，也愿意自发去了解日本，主要通过电影、电视剧、网络新闻了解国外。访谈时间：2017 年 5 月 21 日。

问题：你对日本是什么态度，你认为中日能摒弃历史问题实现和解吗?

访谈对象 1：中立态度。谈不上和解，只能缓和，有位史学家说过“历史虽是过往之事，却深深扎根于现实生活，它是活着的过去”，人们之所以学习历史，就是想通过以往的历史事件总结出某些经验和教训，以史为鉴，指引未来。如果一个国家不能够正视历史，不能够从中汲取经验和教训，那在未来的发展中很有可能会重蹈覆辙，谈何共创未来。当然历史会阻碍，但绝不会是最大的阻碍，因为没有永远的敌人与朋友，合作共赢是大势所趋。

访谈对象 2：有点反感日本，只有日本对第二次世界大战的侵略道歉，而且是首相正式道歉，双方才能达成和解。就目前来看，日本近些年道歉的概率很小，但两国依然是正常交流、合作的。我认为中日是可以和解的，因为当今时代的主流还是和平与发展。但是这个和解是有前提的，就是日本能够正视历史并从中吸取教训，通过正规的方式为国家谋发展而不是热衷于通过侵占他国利益来为自己谋发展。

访谈对象3：喜欢日本动漫，不喜欢日本政客。历史问题肯定是影响中日关系的，日本必须道歉，中日关系的现状很大程度上与中日关系的历史相关，“以史为鉴”就成为处理中日关系的基础和前提。在中日邦交正常化的时候，中国就把“以史为鉴，面向未来”作为指导中日关系的基本原则。“以史为鉴”的“史”，即中日关系的历史，如何理解和看待中日关系史，并从中找到可供借鉴的经验教训，将是两国人民必须完成的历史课题和现实任务。中国是一个包容性很强的大国，一直以来都在以大局为重，如果日本不在一些原则性问题上有某些错误的想法或者动作，并且能够正视历史问题，中日关系能够友好发展。

访谈对象4：我对日本的态度非常友好，他们那个民族很严谨。然后作为一个发达国家，他们在我研究的行业也是世界数一数二的，所以我很佩服日本。尽管日本右翼势力活动猖獗，作出了一系列令人不齿的行为：修改教科书、否认日本对外侵略史、参拜靖国神社等，但是我们绝不应该把右翼势力看作日本的代名词，绝大多数日本人民是无辜的，我认为中日可以和解。毕竟大家出自同一个文化体系。并不是不能相互理解，如果做好适当的沟通的话，是可以和解的。由于历史原因，我国和日本之间的关系非常敏感，右翼势力的一系列举动会让中日关系敏感的神经不断紧绷，所以我认为历史问题会成为中日关系发展最大的阻碍。

问题：你认为日本发生地震或者遭受灾害，中国应该援助吗？

访谈对象 1： 看地震等灾害的严重性，日本位于地震带上，如果是一点小的地震或者事故，那没必要援助。但是灾害严重时可以给予帮助。爱好和平的人民无罪，不能因为日本侵略者对中国泯灭人性的行为就仇视日本所有人，血债血偿，但冤有头债有主。

访谈对象 2： 我个人不太想援助，日本犯了那么多罪行，这对它来说就是“自作自受”，它建那么多核电站，骨子里还是想发展核武器，好像它现在就是事实上的拥有核武器国家，受点灾也让日本清醒一下，好好反省一下。

访谈对象 3： 应该，在灾害面前，全人类都应该是一个团结的整体，出于人道主义，应该援助。而且当年汶川地震日本也是第一个赶到救援现场的国家。

访谈对象 4： 拿一个简单的事情举例子，前一段时间有一位对我有恶意或者说我们双方并没有很好的关系的人，她有事需要我帮忙，你猜我是怎么处理这件事情的？出于内心最深处的想法是帮助，当然脑海里也有想法告诉自己无所谓帮不帮，最后我还是帮助了这位同学。我想这是绝大多数人会选择的方式，因为这是中国人血液中最深处的善良。中国拥有五千年的文明历史，自古以来就是一个善良、乐于助人的民族和国家，除去国家层面的各种国际关系之类，我想国内也会有人或者机构对其伸出援手。当日本遭受地震或者其他灾害的时候，中国应该予以援助，官方不应该被现如今在国民中充斥着的极端民族主义情绪所左右。

问题：你对美国是什么态度？你认为美国现任政府的行为和美国人民的态度保持一致吗？你觉得历史上美国对中国是友谊还是侵略？

访谈对象1：中立态度。不全一致，和利益相同者一致，相悖者不同，但总体上是相悖的。历史上必然是侵略，这毋庸置疑。不能因为它给了我们发展的压力，迫使我们迅速发展就改变其侵略本质，美国的侵略手段比较隐蔽，看看对待中国华工和现在的华裔就知道美国对中国不是很友好。

访谈对象2：我的感觉是美国经济繁荣、科技领先。美国更多是利益集团操纵，美国政府老干一些损人不利己的事，美国普通人跟我们一样就是想好好过日子，当然美国普通人总是容易被诱导，其实没啥态度。两个国家之间的关系很复杂，不能单纯地说友谊或是侵略。

访谈对象3：我觉得美国是一个比较开放的国家，他们的生活方式我不是很能接受，但是作为世界强国，他们的能力是不容置疑的。关于美国现任政府和美国人民是否保持一致这个问题，我听说过这样一个新闻，但不知道其真实性：美国对中国发起关税征收之后，我国对美国大豆玉米也征收关税，美国种植大豆玉米的农民，在美国某电视台购买了一周广告轮播，想通过这种方式告诉现任政府，希望不要对中国发起征收关税。我想如果事件是真的，那可能是有一部分美国人民和现任政府不太一致。

访谈对象4：我对美国持中立态度，不夹杂情感立场！美国政府的最大特点就是不稳定，美国政府向来很少有长期的规划，四年一届对于政策制定也是反复无常，但政府的态度绝对不能和民间全部态度挂钩，历史上美国政府往往出于各种考虑竭力维护在华种种特权，但相当多的美国人民对中国是很友好的，比如对中国一直抱有好感的两位美国记者：安娜·路易斯·斯特朗和埃德加·斯诺，就是美国政府一直不让美国民众了解真实的中国。

问题：你如何看待现在的中美关系？

访谈对象1：美国正处于巅峰期，必然打压其他国家。但物极必反，或许不久会走下坡路。中美摩擦不会出现极端结果，即双方撕破脸发生全面冲突，我认为中美摩擦还会持续很长时间。

访谈对象2：当年的八国联军侵华，朝鲜战争，再到现在美国卖武器给中国台湾，还经常会见达赖，奥巴马都会见几次了。什么“重返亚太”，就是想给中国制造麻烦，我们必须得认清形势的严峻性，美国霸权主义的可怕性，我们必须让自己强大起来，努力奋斗，实现中华民族的伟大复兴。

访谈对象3：中美关系紧张对谁都不好，最终被伤害的只是两国人民，而两国需要做的就是去避开“修昔底德陷阱”。

访谈对象4：竞争中有合作，合作中不断竞争。毕竟每年有那么多中国留学生去美国留学，中美关系不好肯定影响留学。中美都是世界大国，存在利益冲突，但也有更多的利益互惠，美国需要中国市场，中国也需要美国，并且民间学术交流依旧广泛而全面。我认为中美前景比较乐观。

问题：你觉得西方人怎么看待古代中国形象？

访谈对象1：我曾经看过一段演讲，很多西方人对于中国的历史大多关注在近两百年，他们忘记了中国是一个五千年的文明古国。英国教授马丁·雅克对此表示：“中国的再次崛起并不可怕，可怕的是中国已经存在了5000多年的时间了，如今的中国只是回到它原本的位置而已。”所以我想西方对中国其实是有很多误解的，这就更需要我们去与世界交流，告诉世界最真实的中国的样子。

访谈对象2：没了解过，不过想来应该是两个极端吧，极端强盛如大唐盛世及成吉思汗时期，极端衰败如清朝末期。

访谈对象3：西方人对中国古代的印象应该就是传统、迂腐，嗯……如果再近代一点的话，可能会是奇怪的大辫子，与众不同的服饰。

访谈对象4：西方人觉得古代中国是一个繁荣昌盛的国家，一度和古代中国有所来往以及合作，他们也很羡慕古代中国的繁华，以至于想占有。

问题：你对当今世界格局的认识是什么？

访谈对象1：论国力，美国当然还是遥遥领先，但多元化必是大势所趋，一家独大已成为历史。说几句老生常谈的，和平与发展仍是时代的主题，机遇与挑战并存。

访谈对象2：政治上多极化、经济上全球化。文化冲突中融合，各个经济体都在谋求最快的发展。

访谈对象3：论国力，美国当然还是遥遥领先，还是霸主地位，美国应该也是有这个野心甚至可能更大的野心的。但紧随美国国力的几个国家，应该是都不愿意看到一家独大的。而且多元化也是一个发展趋势，是无法阻止的。

访谈对象4：几个大国相互对立，一些实力弱的小国家就围绕着和自己关系密切的大国，大国之间既有竞争也有合作。

（二）访谈情况汇总

除以上典型回答之外，将21个访谈样本的回答进行汇总，可以发现受访大学生对一些问题的理解和回答存在明显的差异。

1. 对日本的好感与恶感

在中日关系上主要设置了三个访谈问题，对于第一个问题：你认为历史问题是否会成为中日关系发展的最大阻碍，不同年级、不同性别的受访大学生回答存在差异。

在访谈中只有 4 个受访大学生认为历史问题不会成为中日发展的阻碍，占总数的 19%，而大部分受访大学生认为历史问题会成为中日发展的阻碍，这说明日本给中国造成的历史伤害影响并没有完全消除。

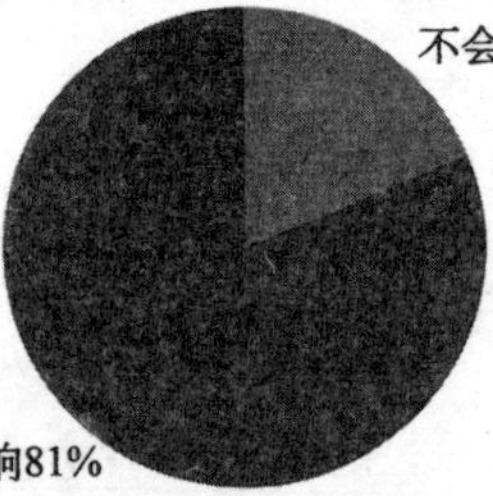

图 3-19　大学生是否认为历史问题将会成为中日关系发展的阻碍

对于历史问题之所以会成为中日发展的阻碍的原因，受访大学生表示主要有：（1）不喜欢日本人；（2）忘不掉历史的疤痕；（3）日本不正视历史、扭曲历史等。

还有个别受访大学生认为历史问题不会是中日关系发展的障碍，而经济、地缘政治等因素则可能影响中日关系发展。对于历史问题，他们认为我们不应该抓住历史不放，而应该相互借鉴，共同发展。

从性别来看，受访女生一致认为历史问题将会是中日关系发展的阻碍，甚至是最大的阻碍。而受访男生的回答则没有那么肯定，有 4 人认为历史问题不会成为中日关系发展的阻碍，占受访男生总人数的 36.4%，占总人数的 19%。因此，在这个问题上受访男生的看法与受访女生有着明显的差异。

对于第二个问题：日本发生地震或遭受灾害，中国是否应该援助，不同年级、不同性别也存在差异。认为中国应该援助或有前提援助的人数有 19 人，占总人数的 90%，只有极少数

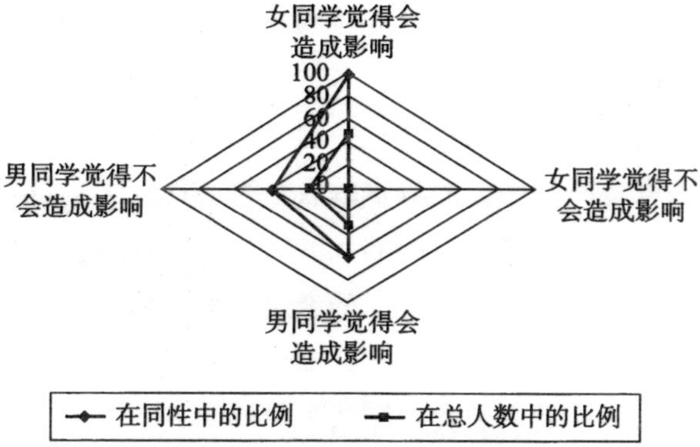

图 3-20　认为历史问题影响中日关系的性别比例图

的受访大学生认为中国不应该援助。大部分受访大学生表示：虽然日本曾经在中国犯下了不可饶恕的罪行，但是身为一个新世界的东方大国，且出于人道主义的思想，中国应该进行援助。他们觉得日本有很多人还是爱好和平的，强调我国不仅是一个包容的大国，还是一个是非分明的大国，在日本遭受灾害的时候，有很多无辜的百姓已陷入其中，而我国与日本的矛盾是两国政治上的矛盾，与平民百姓无关。因此，在日本遭受灾难时，我国定会相助。

从访谈中可以看出：受访女生对日本的敌意大于受访男生，认为中国不应该对日进行援助的均是受访女生。

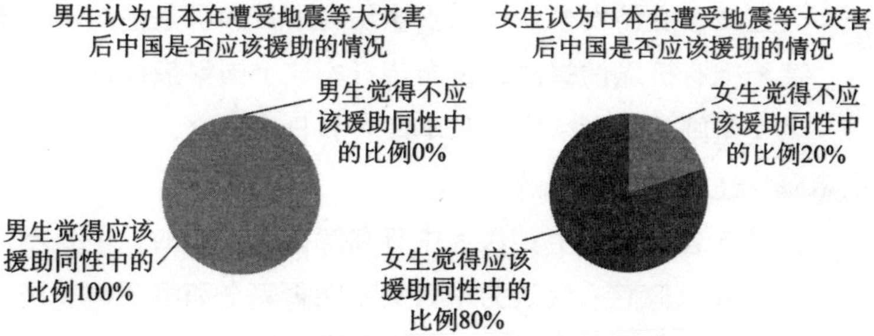

图 3-21　不同性别的学生对于第二个问题的回答的比例

对于第三个问题：中日能否和解，不同年级的男女受访者依然有不同的答案。

大一3名受访女生：其中一名女生认为绝不可能和解，因为我们国家爱好和平，而日本的政治野心比较大，日本始终不承认自己曾经在中国犯下的滔天罪行，同时日本资源稀缺，领土狭小，还是会走上军国主义的老路。另一名女生认为虽然在和解方案上存在一定的困难，但如果日本能够正视历史，和解还是可能的。最后一名女生则认为只要中日双方政府愿意，完全可以和解。

大一3名受访男生：其中两名男生认为只要日本不再与中国争边界的领土，并能够正视历史，承认自己曾经在中国犯下的罪行，那么中日关系的和解就指日可待了。另一名男生则认为不可能存在和解，只有利益的暂时合作，竞争是永恒的。

大二3名受访女生：一名女生认为和解需要双方的共同努力，是有条件的。另两名女生则一致认为中日是可以完全和解。

大二3名受访男生：觉得就现状而言，中日和解的可能性相对较小。都认为中日和解需要一定的前提条件，例如，日本能够正确面对历史、不扭曲历史背景，或者与中国长期保持友好的发展关系等。

大三2名受访女生：一名女生认为中日和解是绝对不可能的，甚至抱有极端的想法，说希望日本这个国家最好消失。而另一名女生则认为必须区分日本政客和日本民众，只要消除历史障碍，还是可以和解的。

大三3名受访男生：认为中日和解是有可能的，但是不可能完全和解。他们一致认为中日关系能否完全和解还与美国有一定的关系，美国不会让中日顺利实现和解。

大四2名受访女生：认为中国应该明确谁是友谁是敌，要牢记历史，日本始终不愿承认侵华历史，对中国的态度很不友好，因此她们觉得中日绝不可能和解。

大四2名受访男生：就目前而言，中日和解是相当困难的。其主要原因在于日本对中国伤害太大，中国人民无法忘记。但同时又认为中日两国可以克服这些困难携手并进，因为双方都受到美国的压制，有共同的需求。

通过初步分析以上受访大学生的回答，可以得到以下结论：

认为绝对不可能和解的有5人，占总人数的23.8%。认为在某些前提条件下，中日有可能和解的有13人，占总人数的61.9%。认为可以完全和解的人数有3人，占总人数的14.3%。因此，可初步认为大部分受访者认同中日和解是有希望的，只是存在时间问题或者一些其他的干扰因素，例如，日本不正视历史或者篡改历史，以及其他领土问题。

在认为绝对不可能和解的人中，女生有4人，占受访女生总人数的40%，占绝不可能和解总人数的80%。男生有1人，占受访男生总人数的9.1%，占绝不可能和解总人数的20%。从中可以看出女生对日本的反感度远高于男生。

认为有希望和解的一共有13人。其中女生3人，占受访女生总人数的30%，占认为有希望和解总人数的23.1%。而男生有10人，占总男生人数的90.9%，占认为有希望和解总人数的76.9%。而认为中日可以完全和解的人仅有3人，且3人全为女性。

笔者以日本2011年地震以及由此引发的核泄漏事件为切入点展开访谈，受访大学生都认为历史问题是中日关系中敏感的政治问题，正确认识和对待日本军国主义侵略中国的历史，是中日关系的政治基础。受访同学普遍承认日本有值得中国学习的地方，但或多或少对日本存在一定程度的反感，主要是因为近些年来，随着日本国内右翼势力抬头和极端民族主义的复苏，日本屡屡作出不利于中日友好的举动，这些问题的根源都在于日本不能正确对待历史。日本至今不肯承担战争罪责，在历史教科书和钓鱼岛问题上总伤害中国人民的感情，因此日本地震就是他们自己国家的事情，中国根本没有必要进行援助。如果日本不肯真正反思自己，直面历史，维护历史的严肃性、真实性，用正确的历史教育下一代，中日关系不可能健康发展，中日两国也不可能像第二次世界大战后的欧洲一样实现“法德和解”。个别同学还表现出一定的仇日情绪，甚至认为日本地震是“该有的惩罚”。当然，在访谈中也发现，随着年龄的增长，大学生对日态度更为理性，年龄越大，越认为无论如何出于人道主义都应该对日援助，必须把军国主义和日本民众区分开来。

通过访谈，发现受访大学生对日本态度与韩冬临所做的中国公众的日本观调查结论基本一致，即年长的群体对日更具有宽容心，也更具有好感。相反，新一代的年轻人反而更加缺乏对日本的好感。① 反日情绪主要指向历史问题，因此反日首先想到的就是日本对华的侵略，靖国神社、毒气弹、劳工等与侵华战争有关联的历史回忆。② 日本学者城山英巳出版的著作《中国1亿人电脑调查，喜欢日本甚于共产党?》以网络这个舞台展开热议，直接向中国年轻人提出如何看待“日本”和“日中关系”的问题，并反复寻找中国网民在这背后复杂的对

① 韩冬临：《想象的世界：中国公众的国际观》，第175页。

② 同上书，第180页。

日观念的事实。他通过微博调查发现，尽管中国的年轻人非常喜欢日本动漫，但他们无法忘记南京大屠杀，在钓鱼岛问题上也毫不让步。[①] 这种矛盾之处从认知理论的角度来解释，就是所谓的知觉防御，即当某些刺激（如日本“购买”钓鱼岛）能够引起大学生不愉快的情绪反应时（如日本侵华战争），大学生对这些刺激的再认阈值提高或扭曲刺激事实的现象。谈及日本的形象，大学生对日本的定位要么是中国的“学生或小弟弟”，要么是“海盗民族”（倭寇），要么是“动漫大国”或“工匠大国”。[②] 日本在大学生眼中的形象往往趋于简单化、片面化和碎片化。同时，调查问卷和个案访谈结果显示，绝大部分大学生并没有去过日本，对日本缺乏必要的了解，其认知主要来自新闻媒体的报道和思想政治理论课的学习。

谈及中日的历史，受访大学生往往从甲午战争开始论述，认为日本在甲午战争中把中国打得惨败，促使了中华民族意识的整体觉醒。学生们大多都提到了梁启超的话：“吾国四千余年大梦之唤醒，实自甲午战败割台湾、偿二百兆以后始也。”[③] 还有同学把1895年的《马关条约》称为中国历史上最大的耻辱，有着强烈的反日情绪。这说明对中日历史的认知，大学生往往是从政治理论课接受的角度去理解，政治因素的作用比较大，这种情绪是对中国屈辱历史的痛苦回忆，对日本一些出格

① 张娜：《日媒：中国网民对日本存在复杂观念》，环球网2011年8月3日。

② “工匠大国”是指日本制造的产品所体现的精湛工艺对大学生的吸引力，根据亚洲民主动态调查2004年的数据，中国公众对于日本产品喜欢的比例（42%）远高于不喜欢的比例（22%）。2015年春节出现的国人赴日抢购马桶盖事件已经说明了这一点。参见《日本马桶盖遭国人疯狂抢购》，环球网2015年2月11日。

③ 梁启超：《戊戌政变记》，广西师范大学出版社2010年版，第2页。

举动有着越来越强烈的表现。随着中国国力的提升，中日之间的矛盾与问题也越来越突出，日本能否正确看待中国的崛起以及中国能否冷静、客观地面对日本的大国化，都直接影响着中日关系的发展，也影响到大学生对日本的看法，从时间的维度看，大学生对日的好感度在不断地降低。访谈中个别大学生在谈到中日关系时，往往以教训的口吻，称“小日本”不能正视历史和现实，强调中国在鸦片战争以前是东亚地区的中央王国，日本文字都是借鉴中国的偏旁部分创造的，认为现在中国长期稳居世界第二大经济体，日本首相安倍晋三对美国总统特朗普鞍前马后，刻意讨好，特朗普都不太正眼瞧他，而习近平主席在 2017 年与特朗普“庄园会晤”时，特朗普公开称习近平主席是最伟大的领导人等。

分析学生的访谈回答，尤其是综合当日本遭遇严重自然灾害后我国大学生的回答，大概主要指向两个简单的问题：第一，中国是一个历史上曾受日本侵略的国家，中国人对日本的危机应该持什么样的态度。第二，中国是否应该帮助日本度过这次核危机，怎样帮助。

这两个问题的核心都可以归根于对日本遭遇危机时中国国家利益的认知。国家利益是一个国家制定外交政策的出发点，正确地判断国家利益可以帮助一个国家赢得良好的地缘政治环境，拓展国家的利益空间与生存空间。而今天，中国在对日关系上的矛盾在于，学者与民众（包括大学生）之间存在着主体认知差异，造成了许多学者被冠以卖国贼的称号，换句话说，学者与民众从同样的国家利益出发，但由于认知差异，得出了不同的解决路径，再由路径之争变成了政治差异，结果造成民众与学者之间的进一步分裂。

因此，有必要用一种更简单的方式，结合历史与现实分析在日本地震中的中国国家利益。结合调查问卷和访谈，对日本地震持观望态度的许多大学生可能有如下理由：

第一，日本地缘政治空间有限，随着日本人口与资源之间矛盾的加剧，日本必然会以侵略周边国家为安全条件，挑起战争，从而成为中国潜在的安全隐患。19 世纪末以来，形成了持续百余年的“中弱日强”局面，但进入 21 世纪以来，中国经济飞速发展，日益成为经济强国，并在 2012 年首次超越日本，成为全球第二大经济实体，一直保持至今，这种局面很难被日本接受。日本一些势力对中国的崛起非常害怕，不愿看到一个经济繁荣的中国，在贸易领域害怕进口中国产品对日本国内产业构成冲击，在投资领域担心日本企业向中国转移会引起日本国内“产业空洞”，因此，日本军国主义复活的危险增加了，例如，日本首相安倍晋三不断要求修宪，这引起了周边国家的警惕和关注。

第二，日本在历史上曾经多次挑起侵华战争，并且使中国人形成了深刻惨重的历史记忆，但日本至今也没有真正反省，日本少数右翼势力否定、美化侵略历史的活动时有发生，抛出“东京审判非法论”“南京大屠杀虚构论”等种种奇谈怪论，说“战争是为了自卫”，日本发动战争是“为了把黄种人从白种人的殖民统治下解放出来”①，否认侵略，或说侵略有功，并拒绝反省、谢罪。1958 年，日本第一次修改历史教科书，把有关战争反省的内容全部删掉，强加了提高天皇地位和复活神化教育的内容，还称赞甲午中日战争提高了日本的国际地位。1982 年，日本文部省对送审的高中历史教科书进行了修

① ［日］藤冈信胜：《包括南京大屠杀事件的猎奇教材》，《诸君》1999 年第 12 期。

改，将日本军国主义对中国和朝鲜的“侵略”改为“进入”，并对南京大屠杀等历史事实进行了淡化和删减。1986 年，日本文部省将送审的高中教科书《新编日本史》定为合格，而教科书中公然把日本发动的太平洋战争美化成日本从欧美列强的殖民统治下“解放”亚洲的战争。因此，自然灾害是对日本军国主义分子侵华罪行的一种惩罚。

第三，在世界朝多极化方向发展的同时，美国推行了企图建立单极世界、实现其霸权地位的战略。单独靠美国的努力实现此目标明显力不从心，把经济实力雄厚、科学技术发达的日本牢牢纳入自己的世界战略体系，以保障在亚洲的稳定成为美国的选择。《日美安全保障联合宣言》就此出台，把中国作为主要的威胁对象。日本的存在为在全球层面上美国牵制中国发展提供了筹码，并且因此进一步阻碍了中国的统一进程。从中国发展的战略上看，解决好区域经济与安全问题成为中国进一步发展的重要任务，而日本的政治经济存在成为区域上牵制中国进一步发展的阻碍。

第四，日本与中国有钓鱼岛与东海领土争端。如果地震等灾害严重削弱了日本，那么也将有利于中国解决领土问题。钓鱼诸岛自古以来就是中国的领土，中国对钓鱼诸岛及其附近海域拥有无可争辩的主权。但日本认为：“在明治 18 年（1885 年）以后，通过冲绳当局再三对尖阁列岛（即我国钓鱼岛）进行实地考察，不但是个无人小岛，而且慎重确认没有清政府支配的痕迹。明治 28 年（1895 年）1 月 14 日，日本国在当地建立标桩，把其列入了本国的领土。”① 钓鱼岛虽小，但位置

---

① 《日本外务省：关于尖阁列岛所有权问题的基本见解》，载田桓主编：《战后中日关系文献集》（1971—1995），第 78—79 页。

险要，军事价值极大。如果在这里建造海空监控侦察设备以及地空导弹，很容易对中国台湾北部重要港口及空中巷道加以封锁，监控的范围可达中国台湾北部以及中国大陆沿岸的福州、温州和宁波等地区。另外，钓鱼岛附近的石油资源非常丰富，据联合国一个委员会的估算，至少蕴藏着800亿桶石油，这对于资源贫乏的日本来说相当具有诱惑力。因此，日本从民间行动到政府出面，有计划、有步骤地在事实上行使对钓鱼岛的所有权，这引起中国大学生的极大愤慨，甚至在2012年9月，日本所谓的“购岛”行为导致中国各地出现大规模反日游行。

以上几种分析，可能并未完全囊括大学生的想法，但大体符合所有持观望态度大学生的思考。这些思考有两个共同之处：一是分析的出发点是民族情感和国家利益，日本的衰落有利于中国的国家利益。二是有一个潜在的逻辑就是历史会重现，即日本发展的模式与道路不会改变。事实上，这是一种错误知觉，历史在相当长的时间内不会重现，日本的衰落也并不一定有利于中国。

首先，中日之间的历史在相当长的时间内不会重现。日本侵略中国的历史看似是一种道路上的循环，自19世纪明治维新以来，日本共有两次侵略中国领土。第一次是在19世纪中后期，日本进犯朝鲜和中国台湾后，在中国领土上与俄罗斯交战。第二次高峰是在20世纪30年代，从“九一八事变”开始至第二次世界大战结束，即我们所说的14年抗战历史。这两次战争爆发的历史前提是：第一，中日之间实力对比的变化（发生权力转移）。第二，日本国内民族主义的抬头。第三，日本国内出现了资源与经济发展之间的矛盾。于是，当这三个条件再次出现的时候，日本可能会发动侵华战争，中国对日本的帮助可能是养虎为患。但是，这个逻辑显然不适用于现在的条件，虽然中日之间实力对比依旧在发生变化（发生权力转移），但是转移的方向完全相反，历史上日本侵华之前的权力转移是在区域层级上日本权力上升，中国权力下降，而现在是日本相对权力下降，中国相对权力上升。如果说历史上权力向有利于日本方向转移的时候日本更愿意发动战争，那么是不是现在的中国更容易挑起对日本的权力转移战争？也就是说，历史上是中国担心日本，现在应该是日本担心中国了，弱者向强者主动挑衅是一种自杀式行为。因此，日本不会主动挑起对中国的战争。从历史上看，中日两国一方强一方弱的局面自唐朝以来已延续了几个世纪，但进入 21 世纪，两个强国该如何共处，这是历史没有给予的新问题，自 2012 年中日外交处于历史低点后，外交冷淡也可能是影响大学生对日本好感不佳的重要因素。

其次，日本的衰落并不一定有利于中国。中日之间经贸合作互补性强、竞争性弱。在全球价值链、供应量、生产链中日本处于上游，中国处于中下游，产业结构不同，互补性很强，中日两国在全球价值链以及全球资源配置方面的合作值得期待。① 习近平总书记指出，中日是近邻，也是亚洲和世界主要经济体。中日关系稳定发展符合双方利益，对地区和世界具有重要影响。2017 年是中日邦交正常化 45 周年，2018 年是《中日和平友好条约》缔结 40 周年。双方要从两国人民根本利益出发，准确把握和平、友好、合作大方向，通过坚持不懈努力，积累有利条件，推动中日关系持续改善，向好发展。②

中国与日本是一个利益共同体，由日本地震核危机所引发

---

① 《〈日本经济蓝皮书：日本经济与中日经贸关系研究报告（2018）〉发布》，人民网 2018 年 5 月 29 日。

② 《习近平会见日本首相安倍晋三》，中国政府网 2017 年 11 月 12 日。

的实力下降也必然会引发中国的安全危机。利益共同体的观念大概可以追溯到英国哲学家洛克的思想。洛克认为，由于国际社会的自然状态是一种符合丛林法则的自然状态，既霍布斯状态，因此作为国家组成部分的个人为了更好地在自然竞争中取胜，必须让渡出部分个人权利，组成团体以抵抗外部或自然力量的侵袭。这样就解释了国家的起源，有了国家主权来自个人的观念。在洛克心目中，国家是个人组成的利益共同体，而国际社会，按照现实主义的观念，是符合霍布斯状态，即处于无政府状态的。在这样的国际环境中，组成国家之间的利益共同体在一定程度上可以抵御共同体外围力量的侵犯。在核武器没有出现之前，国家之间通过结盟的方式维护自己的安全利益，通过经济互惠的原则维护区域内经济利益，而利益共同体外围对象依旧是国家或者经济组织，这样的国际关系模式直到今天依旧是国家间合作的主要动力与形态。但是，在面临全球性问题时，利益共同体的内核就变成了所有国家，其外围涉及人类普遍面临的全球性问题，其中包括全球气候变暖、核扩散、跨国犯罪、粮食危机、恐怖主义等。此时，利益共同体的核心问题转化为全球治理。毫无疑问，此次日本地震引发的核危机属于涉及全球安全的问题，是触及所有环太平洋国家利益的共同危机。

最后，从地缘政治上来说，失去日本等于在东亚留下一个权力真空，填补真空的不一定是中国。东亚地区可能会出现区域力量上的重新调整与布局，美国喊出的“重返东南亚”以及持续的中美贸易摩擦无疑是给那些幻想中国在日本衰退情况下增强对东亚国家影响力的大学生的当头一棒。

从大学生对日本的态度中，我们可以回溯马克思主义国际观对大学生的影响，也就是如何正确对待理论与现实的关系。

大学生在学习、了解、把握和运用马克思主义国际观时，往往把理论与现实割裂开来，教条式地看待历史、看待现实，刻意地忽略时空条件的变化。马克思主义国际观在青年学生中不被认同和大学生看待援助日本的原因如出一辙，都是不能以科学的、实事求是的态度把理论与现实相结合。大学生国际观的知觉错误就在于割裂了现实与理论的密切联系，以自己原先具有的信息看待变化的国际社会，在对日本的态度上，往往陷入“受害者心理”难以自拔。

马克思主义国际观要求我们必须认真地把握中国现实国情，缜密地考察客观现实复杂多变的态势，针对新的实际，分析现实，勇于并善于根据时间、地点、条件的变化来发展马克思主义国际观。“‘中国’并不是一个抽象的概念，随着时代的发展，随着世界形势的变化，中国的国情，中国这块土地上所面临的问题，也发生了急剧而深刻的变化。”① 日本地震给了我们一个重新审视中日关系的机会，也给了我们一个正确看待马克思主义，进而树立马克思主义国际观的机会。从实际出发，理论联系实际，实事求是，在实践中检验真理和发展真理，既是中国共产党一贯坚持的思想路线，也是马克思主义中国化理论成果的精髓，只要我们坚持实事求是的科学态度，就一定能在青年学生中恢复马克思主义的本来面目，使马克思主义在培育大学生理性、健康的国际观上真正发挥它巨大的理论指导作用。

2. 中美关系的判断

在访谈中，受访大学生对于美国主要有认为其强大、厌恶

---

① 陈希主编：《民族复兴之路与马克思主义的中国化》，清华大学出版社 2007 年版，第 8 页。

和一般三种态度。在认为其强大和厌恶之间表现的比较明显：21个受访者中明确觉得美国强大或者好的有6人，厌恶美国的有5人，觉得美国不如中国的有2人，觉得需要警惕美国的有4人，没什么感觉或感觉一般的有3人，其他回答有1人。其中，6个大一的受访者中有4个厌恶或觉得美国不好，6个大二的受访者中有2个觉得美国强大，5个大三的受访者中有1个觉得美国很强大，4个大四受访者中有2个觉得美国强大。从中可以看出随着年级的升高，大学生的态度从厌恶逐渐转变为觉得美国很强大，男女之间无明显差异，在访谈中也发现，如果中美关系正常化，认为美国强大的较多，一旦中美关系出现波折，厌恶美国的情绪就会增强。

而对“美国现任政府的行为和美国人民的态度保持一致吗”问题的回答，只有1个受访者认为是一致的，绝大多数受访者认为美国现任政府的行为和美国人民态度是不一致的，美国政府的行为只能代表政府，而美国人民也渴望拥有一个和平的环境。

对于“历史上美国对中国是友谊还是侵略”问题的回答，认为是侵略的有11个，占总受访人数的52.4%，认为是友谊的有3个，占14.3%。认为既有侵略也有友谊的有7个，占总数的33.3%，其中认为侵略大于友谊的有4个，认为友谊大于侵略的有3个，总体来说，侵略及侵略大于友谊的有15个，占71.4%，即大多数受访者认为美国在历史上侵略中国的成分较多。与对日本的态度不同，在中美关系上，受访大学生无明显性别及年级差异。一些受访大学生表示中美关系是非常微妙的，从历史上看，不能简单地用友谊和侵略来描述；从现实上看，中国是美国重要的贸易合作伙伴，在经济全球化这样一个时代背景下，任何两方之间的博弈都有着“牵一发而动全身”

的连锁效应。

通过访谈，结合调查问卷的数据分析以及各类研究组织的美国国家形象的社会调查，发现大学生对美国的印象更多是一个想象的国家，霸权与发达并存，好感与恶感并重。这种矛盾来自两个有趣的印象。其中一个印象来自毛泽东的著名文章《别了，司徒雷登》，加上朝鲜战争的中美较量、1999 年美国轰炸中国驻南斯拉夫大使馆事件、2001 年中美撞机事件的发生，特别是特朗普当选美国总统后持续的中美贸易摩擦，大学生普遍认为美国是一个霸权国家，以“世界警察”自居，但实际上是“世界流氓”。另一个印象来自 2017 年上映的电影《无问西东》，很多大学生对美籍华人演员、歌手王力宏扮演的、历史上由美国退役军官陈纳德组织的援助中国抗战的“飞虎队”队员印象深刻，甚至深受感动，认为美国在一定程度上代表了民主、自由和进步。

美国和中国分别是世界上最大的发达国家和最大的发展中国家的定位非常清楚。在中华人民共和国成立后的 70 年时间里，中美两国由于社会制度、意识形态、价值观念大相径庭，历史传统、文化背景各不相同导致两国关系风云变幻，跌宕起伏，经历了曲折、艰难的演变过程。特别是随着国际格局的变化和全球化进程的加速，中美两国对世界和平与发展的“压舱石”作用更加凸显，中美关系也成为两国和世界上最重要的双边关系，中美加强合作的必要性和紧迫性进一步上升。基辛格认为：“无论按何种标准来看，中国都已恢复它在世界上影响最为广泛的那几个世纪中的地位。现在的问题是，它在目前寻求新的世界秩序的努力中如何自处，特别是如何处理和美国的关系。”[①] 作为最大的发达国家和最大的发展中国家，甚至按照西方理解的作为霸权国与崛起国，中美如何妥善处理分歧，实现不冲突不对抗，对于国际体系的变革将具有重要的积极意义。

近年来，中美之间人文交流、经济互利蓬勃发展。2015年9月23日，习近平主席在第三届中美省州长论坛上发表讲话时提到，中国31个省区市同美国50个州建立了43对友好省州、200对友好城市。过去10年，美国42个州对华出口增幅达到3位数。据美方统计，中国过去5年对美投资年均超过80多亿美元，增速还在加快。[②] 目前，中国大陆在美留学生总数已突破30万人，是美国头号留学生来源国。2010年美国启动了“10万美国人留学中国”计划，美国国务院成立了非营利性的“十万强基金会”。据统计，美国赴华留学人数2011年为18000人，2012年上升至23000人，同比增长约30%。[③] 据统计，每年中美人员往来超过530万人次，平均每天有1.4万人往返太平洋两岸，每17分钟就有一架航班起降。2016年中国游客在美人均消费约1.3万美元，为美国带来的旅游收入超过352亿美元，平均每天达到9700万美元。尽管中美双方主流意见都认为人文交流、经济互利的增强有助于中美关系的发展，但由于各种原因，有可能出现越交往越反感、越了解越厌恶的不利阶段。可以说，“一百个人就会有一百种美国形象”[④]。原北京大学国际关系学院院长、著名美国问题学者王

---

① ［美］亨利·基辛格：《世界秩序》，第293页。

② 《习近平在中美省州长论坛上的讲话》，新华网2015年9月23日。

③ 王传君：《美国力推十万人留学中国计划》，《光明日报》2013年2月6日。

④ 金灿荣：《中国人的美国观》，《国际经济评论》1997年第4期。

缉思作出了这样的美国观评价："中国人看美国，可谓爱恨交融，欲说还休。在他们的脑海深处，美国的形象是一个奇异莫辨的混合体——霸权主义、感情冲动的帝国主义、严重的威胁、伪善的'十字军'、接触性传染病、成熟的政治体制、美丽富饶的国土、魅丽十足的文化、不可或缺的迷梦、趾高气扬的老师，美国几乎集所有这一切于一身。"① 所以，美国在中国大学生眼中的形象非常复杂，并且随着突发事件和国际形势不断地发生变化。

就美国而言，"华盛顿代表上帝"依旧是美国秩序观的特点。美国认为，人类不仅存在普世价值观，而且选择美国作为代表向全人类推行普世价值观，这是美国国际秩序观的内核。这种国际秩序观在外交实践中首先基于两个假定：一是其他民族对政治生活不满需要被救赎，二是救赎的结果是遵循美国而非其他国家的价值观。因此，一方面美国应建立一整套符合美国民主自由价值的国际机制，另一方面必要时发动战争，将美国认为"不够自由民主"的其他民族纳入美国的世界秩序蓝图。事实上，自美国霸权确立以来，尽管美国在输出价值观时遭到"被解放"民族的强烈抵抗，屡受挫折，但美国的政治家们只是将政策目标的妥协视为阶段性挫折，从不质疑将美国秩序观普世化的正当性。②

在现实政治中，国际秩序观战略互动的复杂性远胜于单纯的历史文化较量。复杂现实图景不仅呈现了不同区域、不同民

① 王缉思：《美女与野兽》，《美国大观》2001 年第 8 期。转引自范士明：《"爱恨交融"中的反美主义——冷战后中国人对美国的看法》，《国际政治研究》2005 年第 2 期。

② 康欣：《超越现实主义的权力算计才有均势与和平——评亨利·基辛格新著〈世界秩序〉》，《上海证券报》2015 年 8 月 26 日。

族历史文化中单一秩序观与多样秩序观调和的两难，而且在用道德力量归化说服对方的过程中，民族国家不乏使用战争手段，使得弱势国家的国际秩序观同时呈现出历史传统与外来植入的两种痕迹。在亚洲和伊斯兰世界，威斯特法利亚体系的主权政治遗产被普遍接受，很大程度上是西方殖民入侵的结果。此刻，权力政治成为兜售国际秩序观的武器。因此，国际秩序观之间的角力，从形式上表现为区域大国对现有权力结构的回应，而中国无疑是其中最重要的变量。基辛格认为，美国和中国都是世界秩序不可或缺的支柱，但如何在 21 世纪发挥重要作用，中国没有先例可循，而美国也从未和一个国土面积、影响力和经济实力与它相似，但国内秩序迥然不同的国家长期互动过。① 美国的国际秩序观在其强力推进践行的过程中，不可避免地影响了中国公众包括大学生群体对美国的认知。

韩冬临在其著作《想象的世界：中国公众的国际观》中指出，他所做的实证考察显示，中美关系影响了中国公众对美国的国家形象认知，并且随着突发事件和国际形势不断地发生变化，中国人反感的不是美国人民，不是美国的富饶、民主和自由，而是美国国家行为中体现的用武力解决问题的霸道行径②，这一点与笔者对大学生所做的抽样调查问卷和个案访谈结论基本一致。大学生对中美关系的变化十分敏感，主要在于我国政府十分重视中美关系，把它置于中国对外关系的重要地位。习近平强调，中美作为最大的发展中国家、最大的发达国家和世界前两大经济体，两国和平相处、合作共赢是两国人民之福，也是世界各国人民之幸。习近平总书记指出：“我们有

① ［美］亨利·基辛格：《世界秩序》，第 293 页。
② 韩冬临：《想象的世界：中国公众的国际观》，第 128 页。

一千条理由把中美关系搞好，没有一条理由把中美关系搞坏。”“中美双方要正确理解彼此战略意图，摒弃零和思维。”“两国共同利益远大于分歧，合作是双方唯一正确的选择。”①中国政府始终从战略高度和长远角度看待和把握中美关系，致力于发展中美新型大国关系，中国愿同美国一道，相互尊重、互利互惠、聚焦合作、管控分歧，给两国人民带来更多获得感，给地区及世界人民带来更多的获得感。这样不断的外交表态及持续的媒体强化，使大学生存在对美国特殊的重视态度，有着希望得到美国积极正面回应的强烈心理期待。但美国对中国采取遏制战略，在人权问题、中国台湾问题、意识形态问题、贸易摩擦问题上不断给中国设置障碍，经常无端指责中国，影响了中美两国关系的正常发展。

人权问题上美国片面强调人权的普遍性，人权的标准只能按照美国的价值观和民主模式确定；片面强调个人人权，特别是公民权利和政治权利，对生存权、发展权视而不见，是马克思所说的“无非是利己的人的权利、同其他人并同共同体分离开来的人的权利”②；强调人权无国界，人权高于主权，利用人权干涉别国内政。

中国台湾问题上美国从自身国家利益出发，将中国台湾看作要挟中国的一个重要筹码，始终把对台军售作为维持中国台湾与中国大陆分离现状的重要手段。在经济利益方面，到目前为止，中国台湾是全球最大的资讯产业基地之一，它的技术基本以美国为主，中国台湾也是美国苹果手机全球最大的生产基

---

① 《特朗普今起访华，看习近平关于中美关系的十个基本判断》，人民网2017年11月8日。

② 《马克思恩格斯文集》第一卷，中央编译局编译，人民出版社2009年版，第40页。

地，对美国经济利益很重要。

意识形态问题上视中国为威胁和假想敌人，攻击中国是“一党专政”，鼓吹“进一步允许信息开放”“促进人权”“多党制”和“思想自由、集会自由、信仰自由”，固守冷战思维不放，认为只有中国变成了美国式的“民主国家”，美国才能解除对中国的遏制。

贸易摩擦问题包括知识产权、市场准入、贸易平衡等一系列问题。一方面，2008 年次贷危机以来，美国量化宽松和零利率导致资产价格上涨，贫富差距空前拉大，对中国的货物贸易逆差占美国逆差来源的 46%，美国陷入经济持续低迷的泥潭。另一方面，中国已成为世界第二大经济体，人民币成为世界贸易第二大货币，至 2018 年 3 月，中国外汇储备规模为 31428 亿美元，是美国最大的债权国。中国为全球最大出口国，占全球出口总额的 12.8%，中国对世界经济增长贡献率达 34%，超过美、欧、日贡献之和（20%），这些都使美国产生了强烈的焦虑。美国一再诬蔑中国“强制技术转让”和“盗窃知识产权”，因此特朗普政府以贸易失衡为由，打压华为，升级关税壁垒，迫使中国进一步对美开放市场，目的是遏制中国发展，削弱中国经济实力。2019 年 2 月到 5 月，美国国务卿迈克·蓬佩奥（Mike Pompeo）开始了全球“反华为”大巡游，暗示华为是受中国政府操控的公司，华为在全球的扩张是中国扩张“野心”的表现，其设备、技术存在安全隐患，再三强调其他国家如果与华为合作将带来严重的安全威胁，同时声称出于安全担忧，美国将无法与采用华为系统的国家进行信息合作或共享信息。最终，蓬佩奥没有实现全球“反华为”的既定目标，随后，美国政府干脆“赤膊”上阵。2019 年 5 月 15 日，美国总统特朗普签署行政令，禁止美国公司使用由那些对美国国家安全构成风险的公司制造的通信设备。美国商务部工业与安全局（BIS）宣布将华为列入管制“实体名单”，要求任何向华为出售产品的美国公司都必须获得许可特批。而5月13日，特朗普政府就宣布对进口自中国的2000亿美元商品加征的关税从10%上调到25%，无视中国富有诚意的态度和行动，将中美贸易摩擦再次升级，对中国进行极限施压和讹诈。这一系列的举动背后实质是将中国视为美国全球秩序的严重威胁，美国在采取行动“消除威胁”。

美国的做法与大学生的心理预期完全相反，进而影响到大学生对美国的态度，使大学生对美国的反感度不断上升，对美国的对华政策难以理解。大学生对美国反感度的上升很大程度上是由美国导致的，这与历史的情境非常相似。美国著名汉学家费正清曾经指出：“在1949年以前，我们支持了贸易门户开放政策，但在以后的20年，我们禁止美国人同大陆发生关系。我们以前维护中国领土和主权完整，而1949年以后我们却坚定地支持台湾继续保持内战状态来破坏这种完整。只有一件事没有颠倒过来：我们仍然是中国这片土地的不速之客，不过这次是在其外围地区。”①

在今天世界格局大变革的时代，符合美国意愿的世界秩序能建立吗？如果通过世界秩序的两个变量——权力与合法性去审视当今世界，会发现美国领导力的相对下降和新兴经济体群体性崛起直接导致了权力结构的变动（尽管美国大部分学者始终不愿意承认这一点），原有国际秩序观的合法性遭遇多样性的正面冲击。如果任由这种权力和合法性的双重否定、均衡难以实现的状态持续发展，可预见的将来，世界政治将重现安

① ［美］费正清：《美国与中国》，第432页。

全两难。究竟要将世界带入何种秩序之中，这或许需要主导大国的深刻内省。在世界政治舞台上，强者信奉秩序，弱者渴望自由。因为国际政治的历史经验清晰地显示了一个浅显易懂的道理：越是弱势的国家，其保护自身国际秩序观的能力越差。这不是对他者秩序观的接受度差，而是历史上被侵入的太多造成了本能的戒备。如果作为强者的美国不尊重他国关于世界秩序的主张，那么秩序本身可能自身难保，沦为美国的权术粉饰。①

因此，大学生基本上认为目前中美关系的波折主要是美国外交失策，霸权主义、单边主义、贸易保护主义盛行导致的，对中美关系的未来认为不明朗或者处于敌对状态的占了很大比例，这种情形的出现绝大部分应归因于美国不尊重中国的核心利益、忽视中国自身安全底线。

但从另一角度来看，这种不明朗或敌对的认识恰恰反映了大学生的一种知觉错误，即我们是按照美国的逻辑思路，总是从他者的定义中去理解自身，这种理解是单向的而不是互动式的，将中国和美国限定在“朋友”“敌人”或是“对手”定义的对立关系中，即零和思维，这样就无法破解“修昔底德陷阱”，从而对“中国威胁论”作出正确的回应。

提出“和平崛起”（peaceful rise）理论构想的中国学者郑必坚认为，中国将超越传统强国崛起的路径，也将超越以意识形态定义国际关系的冷战思维，走“一条世界近代历史上一切后兴大国崛起所从未走过的全新道路。它既完全不同于第一次世界大战时的德国和第二次世界大战时的德国、日本那种以

① 康欣：《超越现实主义的权力算计才有均势与和平——评亨利·基辛格新著〈世界秩序〉》，《上海证券报》2015 年 8 月 26 日。

军事手段来打破原有的世界体系的道路，也完全不同于苏联勃列日涅夫时期以军事和集团来争霸的道路”①。相反，中国将超越意识形态分歧，努力争取和平、发展并且与世界所有国家进行合作，争取和平的国际环境发展自己，又以自身的发展来维护世界和平。2013 年 4 月 2 日，郑必坚在《北京日报》上发表文章说：“作为一个观察者、研究者，我从 2002 年起，在提出‘中国和平崛起’理念的同时，就强调提出：‘和平’是针对某些国际舆论鼓吹的‘中国威胁论’；而‘崛起’则是针对国际上另一些人鼓吹的‘中国崩溃论’。”② 并认为中国在和平崛起进程中，需要全方位地同周边国家和地区，同一切相关国家和地区，逐步构建“利益共同体”，推动实现中国和世界各国的共同和平发展。当代中国必须走，只能走，也一定能够走出一条世界近代以来历史上从未有过的大国和平崛起即和平发展的道路。

王义桅认为，中美关系根本不同于历史上新兴大国与守成大国之间的关系。“中国快速发展属于世俗文明的复兴，既不是一种宗教性文明挑战另一种宗教性文明，也没有进入西方零和博弈轨道。作为世俗文明的中华文明，具有极强的包容性、学习性，没有西方文明那种称霸世界的‘普世文明’基因。实际上，中华文明从无主动挑战他国的基因。中华文明渊源于农耕文明，中国实行社会主义，根本区别于西方资本主义，从来不搞所谓‘普世文明’和武力扩张。”③

另外，信息的接收和理解也会导致知觉错误。韩冬临就

---

① 郑必坚：《郑必坚论集》下卷，上海人民出版社 2005 年版，第 1130—1131 页。

② 郑必坚：《中国和平发展道路的新内涵》，《北京日报》2013 年 4 月 2 日。

③ 王义桅：《大国担当》，第 10—11 页。

“霸权”这个概念在中英文中的巨大理解差异做了分析。霸权（Hegemony）原本形容一个主导国家对共同体提供服务，而被赋予的备受尊敬的地位，是荣誉的奖品。“强国获得荣誉，作为回报，强国向弱国提供实际利益。弱国欣然接受自己的劣势地位。以此换取经济、安全利益，以及这种安排对强国所施加的限制。”① 在大部分的英语国家公众眼中，“Hegemony”并不是一个贬义词，也没有强烈的道德色彩。美国一些政治精英甚至政府高官频繁使用“Hegemony”一词。例如，曾任美国总统国家安全事务助理的国际问题专家布热津斯基在他的著作《大棋局》中就主张美国维护自身的世界霸权，以利于维护世界和平和稳定。② 在他的眼中，霸权指的是国际秩序，而没有道德上的评判。美国经济学家查尔斯·金德尔伯格（Charles P. Kindleberger）在其1973年出版的著作《1929—1939年：世界经济萧条》中提出，国际经济和货币体系要保持稳定，就需要一个而且只能有一个“领导者”（leadership），它提供一系列公共产品充当全球体系的稳定器，否则世界经济就会在复兴与衰退中不断重复。③ 随后，罗伯特·吉尔平（Robert Gilpin）和斯蒂芬·克拉斯纳（Stephen Krasner）两位美国政治学者将“领导者”用“霸权”所替代，意在表明领导者提供公共产品时必须使用权力实现目标，不仅要考虑经济层面，也要考虑政治利益。罗伯特·基欧汉（Robert O. Keohane）则

---

① ［美］西蒙·赖克、理查德·内德·勒博：《告别霸权：全球体系中的权力和影响力》，第92页。

② ［美］兹比格纽·布热津斯基：《大棋局》，中国国际问题研究所译，上海人民出版社1998年版，第260页。

③ ［美］查尔斯·P. 金德尔伯格：《1929—1939年：世界经济萧条》，宋承先、洪文达译，上海译文出版社1986年版，第12—13页。尽管当时金德尔伯格在书中并没有实际使用“霸权”这一术语，但其意思表达已相当明显。

把这种霸权国提供公共产品从而维持国际国内经济秩序，保持国际国内社会稳定的因果机制称为“霸权稳定论”。[①] 甚至认为霸权有助于促进西方的繁荣和民主。可见，在美国政界和学界，霸权是一个不附带感情色彩的学术概念，但是在西方左派和中文的语境下，霸权却是一个充满强烈道德贬义的词语。霸权往往是为所欲为、肆无忌惮、横行霸道的代名词。而美国的单边主义、贸易保护主义的做法加深了大学生对这个词语的负面理解，掺杂了大量的感情色彩和道德因素，也就不可避免地具有了过分夸张的非理性成分。这个词的广泛使用对大学生认识美国进而对中美关系作出判断造成了一定的影响。

在访谈中也发现，大学生对美国权力的评估呈两极分化趋势。一半多的受访者认为美国的权力已经衰落，中国将取代美国成为全球头号大国，这表现为中国持续而稳定的经济发展和有力的改革措施。还有一些同学认为，美国的权力才刚刚开始，说美国衰落言之过早，这体现在美国对世界十几个国家的经济制裁上，尤其是中国的中兴公司事件，几乎将这个庞大的公司逼到破产边缘，也说明美国在技术上的先进和在政治上的权力地位。现在中美经贸摩擦升级，中国应该“认怂”，中兴事件说明中国“心虚”。这两种观点实际上说明大学生对美国的看法过于简单。我们往往以美国来衡量中国的发展成就和综合国力，在哪些方面、什么时间超越美国，却很少反思为什么要将超越美国作为目标。中国追求的现代化强国不是欧美式的现代化，而是中国特色社会主义的现代化，中国的发展有其自身的逻辑，应该把中美关系置于历史发展长河以及全球范围之

① 钟飞腾：《霸权稳定论与国际政治经学研究》，《世界经济与政治》2010年第4期。

中，既不把眼光仅仅滞留在中国改革开放 40 多年的成就上，也不以美国等西方国家现在的成就为参照系，而是看能否解决人类面临的共同难题，是“超越”而非“赶超”，这是社会主义强国的真正体现，也是马克思主义理论的应有之义。

中国经济的规模和高速增长肯定会增强我国的相对实力，也会缩小中美之间的权力资源差距，但并不意味着我国即将超过美国成为最强大的国家。因为并不能单独把经济总量作为判断大国崛起的依据，19 世纪末 20 世纪初，德国的经济规模已经追平英国，而美国的经济总量在 20 世纪初更是达到英国的近两倍，但英国仍然是当时的世界霸主。第二次世界大战后，苏联和日本的经济总量都达到过美国的 50%—60%，但苏联成为世界两极格局中的一极后却最终解体，日本则受制于美国，在经济崛起的起步阶段即被美国阻断步伐。所以，中国社会科学院研究员高程认为，中国的崛起还没有进入权力转移阶段，还处于起步阶段，主要侧重经济领域。中国的现有经济实力和所处阶段更加类似于 20 世纪 80 年代的日本，在美国主导下的国际体系中对美国的高端产业具有不对称的脆弱性依赖。① 将 21 世纪的权力转移描述为美国的衰落是不准确的，也会产生误导，要正确判断中国自身崛起的情形，避免认为自己拥有美国崛起时的选项，被动地与美国进行拖延和消耗。同时，如果美国出于恐惧而反应过度，那么，类似于美国衰落这样的观点和分析就可能形成危险的政策暗示。所以，中美关系的未来走向不仅在于美国对中国崛起的正确反应，也在于中国对自身形象的充分展示。

---

① 高程：《中美竞争与“一带一路”阶段属性和目标》，《世界经济与政治》2019 年第 4 期。

3. 古代中国的国际地位与形象

在对 21 个受访大学生关于古代中国的国际地位和形象的回答进行总结统计之后，发现结果显示，有 15 个受访大学生认为西方人眼中的古代中国应该是比较强盛、富裕、神秘的天朝上国的形象，西方人对中国古代传统文化也是抱有憧憬的态度，占受访总人数的 71.4%。有 4 个受访大学生认为封建闭塞落后的晚清形象会成为西方人眼中的古代中国。有 2 个受访大学生认为西方人对中国的认识有一个演变过程，马可·波罗时期对古代中国的财富和礼教的推崇，随后近代很多传教士的进入和更全面的切身体会又给西方人一种古代中国不思进取故步自封的印象。

表 3-6　访谈样本基本信息（N=21）

受访学生认为西方人眼中的古代中国形象	人数/比例	性别差异
强国形象	15 人（71.4%）	男生 7 名，女生 8 名
羸弱落后形象	4 人（19.1%）	男生 3 名，女生 1 名
有转变的态度（先强后弱）	2 人（9.5%）	男生 1 名，女生 1 名

访谈结果的不同更多的是基于对象个体对历史的关注和认识不同，在性别、年级、地域等方面并没有明显的差异，对于个体专业及兴趣与人文相离较远的受访大学生来说，对古代中国国际形象的考量多数来源于自身的直接认知，而这种直接的认知又受到国内的一些影视文化作品的影响。受访大学生对这一问题的直接看法更偏向是西方对古代中国的正面印象，这在一定程度上体现了大学生群体对古代中国文化的高度认可和自信。

在对“你认为古代中国是不是霸权国”问题的看法上，

超过85%的受访大学生认为古代中国不是霸权国，但在对不是霸权国理由的阐述上存在差别。大部分受访大学生表示古代中国是以礼相待的、开放包容的，这就充分体现了中国不是霸权国。另外，还有个别受访大学生表示，古代中国只能勉强算是强国，内战内行，外战外行，在一些方面依然受制于其他国家，所以称不上霸权国。只有3个受访大学生（2个男生和1个女生）认为古代中国是霸权国，但都表示古代中国是“温和”的霸权国，不主动惹事，不对其他国家指手画脚，除非被激怒才采取惩罚措施。

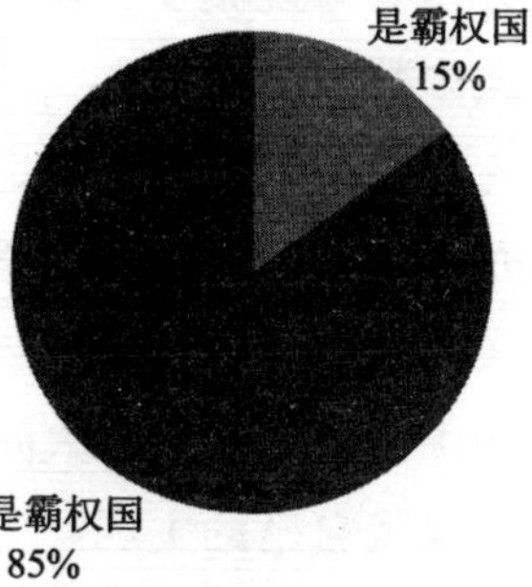

图3-22　大学生对古代中国的认识

在对“你认为朝贡体系是不是霸权主义”的回答上，受访大学生存在或多或少的犹豫。在21个受访大学生中有15个认为不是，占总受访人数的71%，其中9个明确表示不是霸权主义，占认为不是霸权主义总人数的60%，占全部受访人数的43%，有6个表示“不太可能是”，占认为不是霸权主义总人数的40%。有6个受访大学生认为朝贡体系是霸权主义，但对理由的阐述各有不同。从性别差异来看，10个受访女生中只有1个认为朝贡体系是霸权主义，而有5个受访男生认为朝贡体系是霸权主义，占受访男生总数的46%，占总受访人数的24%。

同“朝贡体系”一样，大多数受访大学生对“天下主义”并没有系统的认识，对“天下主义”的理解有较大的差异。有受访大学生认为“天下主义”中包含有一定的自大成分，以及由于对世界的认识狭隘，故而在自身所认知的范围内定义天下的概念。也有受访大学生认为这是一种更偏向于抱负和志向方面的主义，将天下和个人联系起来，不断追求一种和平稳定的发展环境。受访大学生中还有人结合当下，认为这是一种文化建构，可与构建人类命运共同体联系起来。

以上分析结果并没有体现城乡的差异，主要原因可能是网络媒体的便利使得大多数受访大学生获得相关知识的途径是相同的。另外，关于古代中国的认识方面也并未体现出不同年级之间的差异，可能是由于大学课程的设置中有关古代中国相关信息的课程较少，大多数同学对一些问题的认知还来源于高中的知识和印象，而高中的知识框架都大同小异。在问题的回答上男生比女生更愿意发表自己的主观意见，即使意识到自己的看法可能不是很成熟，但女生的回答却往往比男生偏激得多。

总体而言，涉及古代中国的国际地位与形象，受访大学生在访谈过程中均表现出了强烈的民族自豪感，但对中国崛起概念却不甚确定，不知道是指恢复四方来朝、八方来贺的古代大国雄风，还是指达到美国的发达程度、成为美国一样的霸权国家。在这方面，受访者普遍表现出了困惑。对中国传统文化中具备哪些值得我们继承、转化和创新的因素，该如何理解中国“家国天下”情怀与人类命运共同体，大学生中不仅存在着认知偏差，还有许多对中国发展道路、发展模式的误读。因此，有必要从古代中国的国际地位与形象方面来考察当代大学生国际观的认知错觉。

按照学者管文虎的解释，国家形象是一个综合体，是一国的外部公众和内部公众对国家本身、国家行为、国家的各项活动及其成果的总的评价和认定。① 当代中国与世界研究院（原中国外文局对外传播研究中心）联合知名调查机构凯度华通明略（Kantar Millward Brown）合作打造的中国国家形象调查平台，自2011年开始连续开展针对中国国家形象的调查研究和成果发布。根据其2018年1月发布的《中国国家形象全球调查报告2016—2017》，中国的内政治理与全球治理、国家发展趋势、国家与国民形象、国际政治经济交往情况、中国品牌、中国文化、信息接触渠道等都是考核国家形象的要素。②这个调查不仅在于了解中国国家形象的“他塑”，更在于为中国国家形象的“自塑”提供支持。国家形象是在“他塑”与“自塑”的过程中不断变化的，对外促进经济发展与文化交流，提高国际话语权，对内提升民族自信心与自豪感，具有更强的国家认同。因此，从历史发展角度把握古代中国的国际地位与形象是探讨现今中国自身形象构建与展示的起点。

古代人类交往极其有限，人们认识世界也受到很大限制，世界各地相互隔离，人们各自生活在自己的国度或狭小的地理空间范围内，生活于自己的历史文化之中，思想观念各有自身特点，但大都认定世界中心或宇宙中心一定存在于自己文化所及的范围内。所以，古代的自我中心主义在世界各地普遍存在。在历史上，中国文化的影响力随着国力的提升不断向外扩散，进而形成了东亚汉文化圈即大中华文化圈（包括中国、朝鲜、日本等东亚国家）。在这个文化圈中，中国被周边地区

---

① 管文虎主编：《国家形象论》，电子科技大学出版社2000年版，第23页。
② 《权威发布！中国国家形象全球调查报告2016—2017》，搜狐网2018年1月5日。

和自己认定为世界中心。而在一个认定有中心的地域范围内，等级秩序的确立有其客观基础。但是，确立中心和维持等级秩序的方式和手段则可能大为不同，其中世界不同地区的历史上存在战争威力、宗教辐射、经济之约、文化亲和力等不同模式。

先来看西方的中国形象。按照学者周宁的研究①，1250 年前后是西方的中国形象的起点，《马可·波罗游记》和《曼德维尔游记》是对当时西方社会影响最大的两部游记。这两部游记，以及同时代其他一些游记或历史著作，用几乎程式化的套语称赞大汗统治下的“契丹与蛮子”地大物博、城市繁荣、商贸发达、交通便利、政治安定，从而创造了西方集体记忆的“大汗的大陆”。“大汗的大陆”不仅具有清晰的形象，还有确定的类型化的意义与价值，是一定程度上被刻板化了的认知偏见。美国学者史景迁（Jonathan Spence）在其著作《大汗之国：西方眼中的中国》中就综观了蒙元时期到当代来华西方人所记的中国经历和没来过中国的文人作家如何想象中国，从而影响了一般民众对中国的印象。② 从“大汗的大陆”开始，中国形象进入西方现代文化，先后出现了三种话语类型，即“大汗的大陆”“大中华帝国”和“孔夫子的中国”。这三种话语类型在不同层面上，从物质到制度到观念，不断美化中国，使中国成为西方现代性社会期望中的理想楷模。17 世纪到 18 世纪，西方社会文化生活中出现了一种泛中国崇拜的思

---

① 有关西方中国形象的研究，长江学者、厦门大学教授周宁的成果非常突出，先后出版了《中西的最初遭遇与冲突》《中国形象：西方的学说与传统》《天朝遥远——西方的中国形象研究》《世界之中国：域外中国形象研究》《跨文化研究：以中国形象为方法》等多部著作，还有大量相关研究论文问世。

② ［美］史景迁：《大汗之国：西方眼中的中国》，阮叔梅译，广西师范大学出版社 2013 年版，总序。

潮，既指一般意义上西方人对中国事物的热情，又特指艺术生活中对“中国风格”的追慕和模仿，称为“中国潮”（Chinoiserie）。西方的中国形象这种持续美化的趋势在1750年前后达到顶峰并开始衰落与转型，之后西方开始丑化中国形象，这种丑化历史一直延续到今日，所谓“中国威胁论”“中国崩溃论”“中国责任论”只不过是这种丑化形象在理论上的反映。

西方的中国形象的急剧转变与西方向东方的扩张之间有着内在的、紧密的联系。法国学者艾田蒲（René Etiemble）在他的著作《中国之欧洲》中说得很直白：“……对中国的排斥就是这样起作用的，这是欧洲殖民主义的序曲。谁有胆量去把一个曾给予世界这么多东西的文明古国变成殖民地呢？那么，首先只有对它进行诋毁。然后由大炮来摧毁它。”① 因此，西方关于中国的形象，其中包含着对地理现实的中国的某种认识，也包含着对中西关系的焦虑与期望。是西方文化自我认同的隐喻性回答，是西方文化对中国形象的“他者”理解，它并不一定再现中国的现实，是西方文化自我审视、自我想象的真实。在西方启蒙运动后期出现的否定的中国形象，到19世纪达到高潮，形成了专制的中华帝国、停滞的中华帝国、野蛮的中华帝国三种形象。作为现代性主导价值——自由、进步与文明的被否定的他者，既能为现代性自我认同提供想象的基础又能为西方殖民扩张提供有效的意识形态。西方现代性文化构筑中国形象，重要的是确立中国形象在西方的世界观念秩序中的位置以及中国形象与西方文化在西方自我认同过程中形成的差异对立、优劣等级的关系。中华帝国在精神上是愚昧的，道德

① ［法］艾田蒲：《中国之欧洲》，许钧、钱林森译，河南人民出版社1994年版，第387—388页。

上是堕落的，政治上是专制的，历史上是停滞的，与西方诸如理性、自由、进步等现代性价值完全相反。在这种意义上，中国形象的功能不是某种程度上反映或认识中国的现实，而是作为“他者”帮助西方现代文化完成自我认同并确认西方中心的地缘文明秩序。被否定的中国形象，进可为西方殖民扩张提供正义的理由，退可以让西方文明认同自身。“西方的中国形象往往与现实中国或中国的现实相去甚远。西方文化中中国形象的真正意义不是地理上一个确定的、现实的国家，而是文化想象中某一个具有特定文化意义的虚构的空间，一个漂浮在梦幻与现实之间的‘异度空间’或‘乌托邦’。”① 加之中华人民共和国的成立，在价值观念、意识形态、社会制度等方面与西方有着巨大的差异性，面对中国的崛起，从维护西方中心主义的现代世界秩序出发，在想象的黑暗中国形象的“他者”关照下，进一步强化了西方对中国的焦虑与恐慌，这是大学生国际观形成时接受到的负面信息来源，从而使大学生国际观产生错误知觉。

再来看中国自我的形象认知。国际观既然是“他者”与“自我”互动的结果，那么，除了了解西方他者对中国国际地位和形象认知变化之外，还应该把握自我的认知形象。

葛兆光指出：“近代中国的自我认识史，实际上与关于‘世界’和‘亚洲’的观念变迁是一体的，中国在很长的时间里，由于缺乏一个作为对等的‘他者’，仿佛缺少了一面镜子，无法真正认清自身，在19世纪，中国是在确立了‘世界’与‘亚洲’等‘他者’的时候，才真正开始认清自己，

---

① 周宁：《跨文化研究：以中国形象为方法》，商务印书馆2011年版，第75页。

近代中国关于‘世界’的话语，其实就是关于中国的再定位，所以近代话语中的‘世界’背面，其实就是‘中国’，当然关于异域新知的定位背后，也就是对于传统知识的再认识。”①长期以来，中国喜欢用拿破仑所谓的“睡狮”来形容自己，其实也在表达与世界的脱节，更关注自身的问题。但随着中国的日益发展，中国逐渐走近世界舞台的中央，各个国家之间的政治、经济、文化、科技的往来更加紧密，中国必须构建自我的身份，发出自己的声音，塑造自己的形象。但这一塑造，不可能与自己的历史文化相割裂。费孝通指出：“生活在既定文化中的人对其文化有‘自知之明’，明白它的来历、形成的过程、所具有的特色和它发展的趋向。自知之明是为了加强对文化转型的自主能力，取得决定适应新环境、新时代文化选择的自主地位。”②

纵观中国古代文化，维持中国中心地位和中外关系等级秩序的核心思想，是中庸和平之道，虽然采取的手段也有武力和威慑，但主要精神还是运用培养亲和力的方式达到和善之目的。在中国古代对外关系中，西方所谓的以中国为中心的朝贡体系（tribute system）占据重要地位。

朝贡体系的国外研究首推费正清，他认为，中国的朝贡体系是中国国际关系与外交的媒介，是蛮夷之地在中华政治与道德系统中获得一席之地的机制，是中国的世界秩序。利益交换是朝贡体系建立的关键，即贸易和朝贡是中国对外关系紧紧相连的两个方面，中国统治者更看重朝贡的道德价值，朝贡给其统治带来威望，证明其统治的合法性，外邦更看重贸易的物质

---

① 葛兆光：《中国思想史》第二卷，复旦大学出版社 2001 年版，第 458 页。
② 费孝通：《论文化与文化自觉》，群言出版社 2005 年版，第 295 页。

价值，希望借此打开与中国贸易的渠道。① 朝贡关系是早期汉族国家与其他民族或地域的交往及共存的方式，其维持靠的是共有一种"中华观念"，这种观念不是中国独自享有的，而是中国与周边国家或地域所共有的，这种中华观念是能够吸收交往中的各种异质要素且能够做到与异质并存的一种具有包容性的观念。中华理念从包容与之异质的理念，发展成为一种更为抽象的调整扩大的中心与周围关系的理念。它所支撑的是一种更为抽象的调整扩大的中心与周围关系的理念。它所支撑的是一种中心与周边垂直关系的等级秩序体系，在这样的体系内，周边国家或地区向中心（中国）定期朝贡，周边地区或国家之间则通过多角的中介而连接起来，形成一个复合的地域关系圈——中华圈。这样，中华秩序之下的关系形态有等级朝贡关系，同时也存在对等关系。

现任广东国际战略研究院教授周方银认为，朝贡体系是东亚地区内生的制度安排，是一种自发秩序，并不是中央王国凭借其实力优势把自身想法强加给周边邻国，而是中央王国与周边邻国相互博弈的一个产物，保持着中国怀柔、周边邻国臣服相对稳定的状态，但随着实力对比、周边国家内部政治因素的变化，维持均衡并非易事，呈现出非常复杂的行为模式，但中国历史上还一贯坚持朝贡体系。②

朝贡关系是一种双向互动关系，有"朝贡"和"回赐"两个活动过程。中国王朝接受四周来朝贡品的同时，也回赐相当数量的赠品，有时还会允许朝贡者停留进行物品交易活动。这说明朝贡关系实际上不仅反映中国与四周的外交和政治地位

① J. K. Fairbank & S. Y. Teng, "On the Ch'ing Tributary System", *Harvard Journal of Asiatic Studies*, Vol. 6, No. 2 (June 1941), p. 135.

② 周方银：《朝贡体制的均衡分析》，《国际政治科学》2011 年第 1 期。

关系，而且具有经济贸易交流的特色。

朝贡关系的理想蓝图和构建基础，是和谐稳定的等级社会秩序。从西周开始，建立和谐稳定的等级社会秩序就成为一种理想和文化模式，其中，“礼”的文化规范实际上就是一套十分烦琐的具有等级差别内容的典章制度，并在以后成为儒家传统的核心内容，服务于历代政治家和思想家“安国家、定社稷、序人民”的治理需求。礼治外延到朝贡体制上，就是要求对外关系建立在礼治的国际关系准则上，按照等级名分，通过朝贡和回赐往来尊爱，互不侵犯，平安相处。除个别历史阶段外，以中国为中心的国际关系体系内和平是常态，中国在其中所扮演的角色主要是维护和平与秩序，即“礼之用，和为贵”。

维持国际秩序恩威并施，但以“德”之远被为主，宗藩多重名分，各国之间实际上是独立自主的关系。在朝贡体系中的国家，虽然名义上保持称臣纳贡关系，但各国依旧保留自己完整的国家机构，在内政上一般也不会受到中国的干预，这与西方强者逻辑形成了鲜明对比。郑永年认为：“朝贡体制是以中原王朝的宗主地位为前提的，其目标是‘四夷顺而中国宁’，它因此是防御性的，而非侵略性的。朝贡制度是中国霸权的象征，但是这种体制并没有为中国带来直接的经济利益。朝贡制度尽管表明中国皇朝能够根据自己的意志去处理中国与其他国家的关系，但其目标不在于向外扩张中国的势力，而是要外在力量承认中国的霸权地位。朝贡体制尽管是不平等的国际关系，但实际上各朝贡国都能在某种程度上从这种制度中获得很大的政治经济利益。各朝贡国以朝贡的名义把自己的产品无价地贡献于中国王朝，中国王朝在接受这些贡品后，要回赐数倍甚至几十倍的物品，而且还要朝贡国在中国出售随供品运来的其他物品。所以朝贡制度经济上的目的是次要的，重要的是要体现中国中心论。”① 他强调现代国际关系弱肉强食的概念与中国朝贡的概念格格不入。

古希腊文化一直是西方现代文化的源头活水，而古希腊历史学家修昔底德在“弥罗斯人的辩论”中说，雅典人让弥罗斯人移民至斯巴达的岛屿，直言不讳地指出，所有人“都知道正义的标准是以同等的强迫力量为基础的；同时也知道，强者能够做他们有权力做的一切，弱者只能接受他们必须接受的一切”②。被誉为美国当代“最伟大的持不同政见者”的麻省理工学院教授诺姆·乔姆斯基（Noam Chomsky）在他 1986 年出版的著作《海盗与君主》的序言中就转述了这样一个故事，马其顿的国王亚历山大大帝曾问一个被他俘虏的海盗，凭什么敢横行海上？海盗则反问亚历山大大帝，你凭什么横行世界？只因为我用一艘小船犯险，人们骂我是贼；而你拥有一支强大的舰队，你就被奉为帝王。③ 美国著名政治学者汉斯·J. 摩根索认为：“国际政治和一切政治一样，是追逐权力的斗争。”④ 这种权力就是为了实现支配的强权，强权即公理。国际秩序是以强权为核心的，各国之间处在支配与被支配的关系中。

在与各国的交往中，中国历朝统治者都以传统儒家道德教化模式向外远播道德光环，即便对冒犯者施以实力威胁之后，

---

① 郑永年：《中国民族主义的复兴——民族国家向何处去?》，东方出版社 2016 年版，第 94 页。

② ［古希腊］修昔底德：《伯罗奔尼撒战争史》下册，谢德风译，商务印书馆 2006 年版，第 466 页。

③ ［美］诺姆·乔姆斯基：《海盗与君主：现实世界中的国际恐怖主义》，叶青译，上海译文出版社 2006 年版，序言第 1 页。

④ ［美］汉斯·J. 摩根索：《国家间政治：权力斗争与和平》，徐昕等译，北京大学出版社 2006 年版，第 55 页。

也总是以道德教化开导告诫。这些在客观上曾大大提高了古代中国的国际威望，增强了周边国家对中国文化的向心力，使中国成为保持东方国际秩序和谐稳定的核心力量。中国古代的国家关系非常讲究原则和秩序。其中包含了大小国家平等相处，互不侵犯领土，互不干涉内政等。同时，自春秋时期就注重用和平方式解决争端，包括谈判、协商、斡旋、调停、仲裁、司法等手段。历史上，明太祖曾明确训令："四方诸夷限山隔海，僻在以隅，得其地不足以供给，得其民不足以使令。若其不揣量，来扰我边，则彼为不祥；彼即不为中国患，则我兴兵轻伐，亦不祥也。吾恐后世子孙倚中国富强，贪一时战功，无故兴兵，致伤人命，切记不可，但胡戎与西北边境互相密迩，累世战争，必选将练兵，时谨备之。"① 朱元璋要求后世子孙不能倚强凌弱，将当时明朝已知范围内的 15 个海外国家和地区全部一一列出，宣布为"不征之国"，充分体现了中国崇尚和平、乐善好施的特性。

而葡萄牙人较早来到中国，基于欧洲殖民扩张的特性，将中国的和平包容看作懦弱好欺，声称："由于中国人非常懦弱，易于被征服，所以马六甲总督无需动用许多军队，用征服马六甲的 10 艘船，即可将中国沿海置于我们的控制之下。"② 因此，对中国威胁的理解往往带有西方殖民色彩的偏见，对中国的崛起造成"威胁"的判断完全是西方行为逻辑的体现。正如马克思对英国殖民者在中国所犯罪行所评价的那样："英国报纸对于旅居中国的外国人在英国庇护下每天所干的破坏条约的可恶行为真是讳莫如深！非法的鸦片贸易年年摧残人命和

---

① 《皇明祖训》，转引自万明：《中葡早期关系史》，社会科学文献出版社 2001 年版，第 7—8 页。

② 万明：《中葡早期关系史》，第 22 页。

败坏道德来填满英国国库的事情，我们一点也听不到。外国人经常贿赂下级官吏而使中国政府失去在商品进出口方面的合法收入的事情，我们一点也听不到。对那些被卖到秘鲁沿岸去当不如牛马的奴隶、被卖到古巴去当契约奴隶的受骗契约华工横施暴行‘以至杀害’的情形，我们一点也听不到。外国人常常欺凌性情柔弱的中国人的情形以及这些外国人带到各通商口岸去的伤风败俗的弊病，我们一点也听不到。我们所以听不到这一切以及更多得多的情况，首先是因为在中国以外的大多数人很少关心这个国家的社会和道德状况；其次是因为按照精明和谨慎的原则不宜讨论那些不能带来钱财的问题。”① 西方将侵略者所带来的灾难完全掩盖，而将一切灾难归于受害者政府及其政策，利用媒体制造共识，“合法解放”所谓被压迫的民族。托克维尔在《论美国的民主》中就这样记述了西班牙人和美国人是如何消灭原住民印第安人的：“西班牙甘冒天下之大不韪，使自己遭到奇耻大辱，以史无前例的残酷手段，也未能灭绝印第安种族，甚至未能阻止印第安人最后分享了他们的权利。而美国人用十分巧妙的手段，不慌不忙，通过合法手续，以慈善为怀，不流血，不被世人认为是违反伟大的道德原则，就达到了双重目的。以尊重人道的法律的办法消灭人，可谓美国人之一绝。”②

可见，古代中国的形象很大程度上是西方出于自己的需要而塑造出来的，对朝贡体系的理解也是如此。如果中国朝贡体系能满足西方国家由于“丛林法则”而对秩序的追求，它就

---

① 《马克思恩格斯论中国·英人在华的残暴行动》，中央编译局编译，人民出版社 2018 年版，第 54 页。

② ［法］托克维尔：《论美国的民主》，董果良译，商务印书馆 2013 年版，第 432—433 页。

是和平善意的国际体系，使冲突变成了合作，是国际交往的历史典范；如果从遏制、颠覆或肢解中国的意图出发，朝贡体系就是中国历史上欺辱周边小国霸权行径的鲜明体现，必须予以否定和制止，朝贡体系由此被打上西方文化色彩解读的深深烙印。

当然，一些西方学者已经关注到中国传统的朝贡体系与中国文化之间的关系，认为中国是文化的中心而非体制内的专制帝国，中国是文化帝国而非领土帝国。东亚体系内中国与其他国家的双边关系一般表现为朝贡等级关系，但中国也允许存在对等关系。朝贡体系确立了稳定的秩序，这种秩序建立在互惠互利的基础上，中国重在文化和谐，不重经济利益。① 学者许纪霖指出，朝贡体系作为一种复合型的伦理、政治和贸易交往网络，与欧洲殖民时代的奴役与被奴役、剥削与被剥削、掠夺与被掠夺的单向宰制模式不同，朝贡体系更注重各国之间的互惠与互利，不仅注重商业的“利”，而且贸易往来也要服从伦理的“义”，通过商品、资源和金融的贸易，建立睦邻友好关系，从而形成东亚的命运共同体。②

因此，在世界文明的发展上，中国文化的独特性是非常明显的，中华民族古代传统文化中充满的和平主义智慧是对中国历史的贡献，也是对推动人类世界发展的重要贡献。挖掘历史文化的资源并进行创造性转化和创新性发展，对国际观的认知形成具有重要作用。今天，中国强调坚持和平发展道路，就明确包含对中国优秀文化的继承和弘扬部分。正如党的十九大报告所指出的，中国将高举和平、发展、合作、共赢的旗帜，恪

① ［美］吉尔伯特·罗兹曼：《中国的现代化》，第34页。

② 许纪霖：《家国天下——现代中国的个人、国家与世界认同》，第453页。

守维护世界和平、促进共同发展的外交政策宗旨，坚定不移在和平共处五项原则基础上发展同各国的友好合作，推动建设相互尊重、公平正义、合作共赢的新型国际关系。中国走和平发展道路，不是权宜之计，更不是外交辞令，而是从历史、现实、未来的客观判断中得出的结论，是思想自信和实践自觉的有机统一。

今天，中国正在重新成为大国绝不是重温古代模式的大国之梦，而是在进行一种新的政治实践。学者赵汀阳对此有自己独特的理解。他认为“中国威胁”和“中国崛起”代表着对“中国”这个概念的误解。“威胁”是他者从自我中心的立场出发，对中国的一种缺乏善意的消极看法，“崛起”也是从自身利益出发，是自己的一种过于积极的看法，本质上是相对应的，其所指是个客观事实，抱怨或炫耀一个事实并不是一个问题。[①] 他利用中国文化资源的“天下”概念来解决我们今天面对的中心问题，认为“天下”概念比西方思想中的“世界”概念有着更多更重要的含义，它是自然地理、社会心理和政治制度三者合一的“世界”，以关联性为基础而不是以行为体为中心，倡导共存与合作的意义。他的观点引发了学界广泛的讨论。许纪霖也对中国传统“家国天下”进行了学理研究，认为在以自我为出发点的家国天下连续体中，家国不过是中介物，最重要的是自我和天下这两极。天下在古代中国有两个密切相关的含义：一个是普遍的宇宙价值秩序，类似于西方的上帝意志，与天命、天道、天理等同，是宇宙与自然最高之价值，也是人类社会和自我的至善所在；另一个是从小康到大同

① 赵汀阳：《天下体系：世界制度哲学导论》，第2页。

的礼治，是人类社会符合天道的普遍秩序。[①] 通过对传统天下主义的扬弃，以平等的共享为核心，为未来的国际秩序创造一个新的普遍性。这都可以说是从中国传统文化中发掘新资源的典型，也是中国学者对崛起的中国的一种历史定位，希望中国成为一个对世界负责任的大国。

值得注意的是，无论是朝贡体系还是天下体系，在传统文化资源发掘与转化创新的过程中，需要摒弃其中糟粕部分，不能以排他性和放大自身优势的逻辑去理解传统文化资源，否则就会产生一种中国试图建立另一个世界中心的印象。特别是目前一些宣扬民族主义的畅销书在市场上大行其道，相关图书很受热捧。对此美国著名中国问题专家费约翰（John Fitzgerald）认为："以一种更积极的眼光来看，将它们视为'起来，不愿做奴隶的人们'系列，可能会更加合适。其中每一本书都向美国、欧洲和日本发出警告：中国已经在20世纪初醒过来，在20世纪中叶站起来了，并将在20世纪末飞起来。"[②] 其话语背后，隐含着中国可能以本民族的历史变化产生一种"受害人心理"，中国崛起是否会带来对外侵略或威胁的问题。因此，要警惕民族主义与民粹主义合流对大学生的影响，假借爱国主义之名，行非理性之实，挑动大学生情绪，产生舆论风险倒逼国家，进而加大国家处理外交与国际事务的难度。

除了中国传统文化资源的转化创新之外，在马克思主义理论中，人类解放思想始终蕴含着全球主义视野。在马克思看来，现代社会是一个日益扩张到全球范围的世界历史存在。"过去那种地方的和民族的自给自足和闭关自守状态，被各民

① 许纪霖：《家国天下——现代中国的个人、国家与世界认同》，第4页。

② ［美］费约翰：《唤醒中国：国民革命中的政治、文化与阶级》，李恭忠、李里峰等译，生活·读书·新知三联书店2004年版，第1页。

族的各方面的互相往来和各方面的互相依赖所代替了。物质的生产是如此，精神的生产也是如此。各民族的精神产品成了公共的财产。民族的片面性和局限性日益成为不可能，于是由许多种民族的和地方的文学形成了一种世界的文学。”① 马克思站在世界历史的全球视野中提出了超越民族国家的全人类解放思想。对马克思理论在实践中的运用，2015 年 9 月，习近平主席在联合国成立 70 周年系列峰会上，阐述了人类命运共同体，这是对人类文明发展趋势的一种新的系统性认识，既是源于中国传统文化的基因，也是对马克思主义人类解放思想的发展，更是基于中华人民共和国近 70 年的伟大外交实践，还汲取了世界文明的精华，表示出中国与世界同呼吸、共命运的愿望，是顺应历史潮流的选择。

通过以上三个核心访谈问题的回顾与分析，可以判断出，大学生国际观存在着知觉错误。同时，国际化、全球化导致中国与世界之间紧密的政治、经济和社会的联系，也深刻影响了大学生的国际观。随着中国经济的发展、政治的稳定、社会的进步，大学生的国际观具有波动性，也会发生思想观念的变化，更会产生情绪上的波动。因此，对大学生国际观的研究需要把握大学生国际观认知变迁的原因。

四、现状及变迁的综合分析

知觉原本是心理学中的重要概念，《中国大百科全书》解

① 马克思、恩格斯：《共产党宣言》，中央编译局编译，人民出版社 2014 年版，第 31 页。

释为“将感觉刺激转化为有组织的心理体验的过程”[①]。《辞海》则把知觉定义为“人对客观事物各个部分或属性的整体反映”[②]。按照杨治良、郝兴昌主编的最新《心理学辞典》的解释，知觉指的是人们对客观事物各个部分或属性的整体反映，主要依赖于人的主观态度和人事认识经验。人们常常根据实践活动的需要和心理倾向主动地采集信息，甚至提出假设、检验假设，从而完整地辨认事物及其属性。[③] 知觉有以下四种基本特性：（1）知觉的选择性，即人对同时作用于感官的多种刺激有选择地做出反应的倾向。（2）知觉的整体性，即把客观物体知觉为一个整体的倾向。（3）知觉的理解性，即人对客观事物的知觉以知识经验为基础，并有用词语概括组织加工的倾向。知觉的理解性主要受到个人的知识经验、言语指导、实践活动以及个人兴趣爱好等多种因素的影响。人对知觉对象的理解是以自己已有的知识经验为前提的，具有不同知识经验的人在知觉同一个对象时，对它的理解不同，知觉的结果也不同。言语指导也是影响知觉的重要因素，当外界的对象标志不明显时，通过言语的指导，可以唤起人的过去经验，补充知觉的内容，有助于对知觉对象的理解。（4）知觉的恒常性，即人对物体某种特性的知觉，在外界条件与感觉信号输入改变时仍保持常定的倾向。具体而言，人们赋予某事物以意义，并不完全在于事物本身，而是取决于个人如何建构或解释这一事物。这个建构或解释的过程不仅依赖于事物的客观变量，而且

① 中国大百科全书编委会编：《中国大百科全书》，中国大百科全书出版社1991年版，第548页。

② 夏征农主编：《辞海》，上海辞书出版社2009年版，第2933页。

③ 杨治良、郝兴昌主编：《心理学辞典》，上海辞书出版社2016年版，第292—293页。

在很大程度上还受到主观变量的影响。① 由此可见，知觉是客观事物与个体自身知识结构、语言方式、行为模式以及文化背景互动的结果。

美国学者罗伯特·杰维斯（Robert Jervis）将这种心理学术语引入国际关系领域进行分析，他在其著作《国际政治中的知觉与错误知觉》中，从个体也就是决策者的角度提出，知觉是“人在受到刺激后进行选择、组织与判断自己接收的信息的过程。人对知觉到的信息加以理解，并根据自己的理解对刺激因素做出反应”②。传统政治科学中的理性选择论认为，一个理性的人是按照自己的成本和收益来确定自己的行动的，是“理性行为人”，而诸如动机、认知和情感等心理因素是非理性的。③ 但是，决策心理学的研究认为，人往往不是绝对理性的，而是会产生系列的认知偏差，也称错误知觉（misperception），即“由于决策者对接收到的信息作出了误断，其决策和行为随之偏离了实际，结果，事物的发展结果就与决策者的原本意图不相吻合”④。决策者对刺激因素的反应，强调的是其对外部事物的主观接受和认识，而不是所谓的客观的“真实”世界。因此，杰维斯对国家冲突行为的解释是：国家决策者在不确定的国际条件下，很容易发生对形势和对方意图的错误知觉，而且这样的错误知觉往往会夸大对方的敌意，从

① 申玉庆：《外决策的微观认知视角——对杰维斯认知理论的几点评价和思考》，《外交评论》2005年第10期。

② ［美］罗伯特·杰维斯：《国际政治中的知觉与错误知觉》，秦亚青译，世界知识出版社2003年版，译者前言第13页。

③ ［美］安东尼·唐斯：《民主的经济理论》，姚洋、邢予青、赖平耀译，上海世纪出版集团2010年版，前言。

④ ［美］罗伯特·杰维斯：《国际政治中的知觉与错误知觉》，译者前言第13页。

而将对方国家视为具有冲突意图的对手。由于互动的双方都趋于发生这样的错误知觉，敌意螺旋就会不断上升，冲突也就会在双方都不情愿发生冲突的情况下爆发。①

因此，在大学生国际观研究过程中，不能不考虑知觉和错误知觉。大学生在理解和认识现今国际社会时，会保持自己原本所获得的认识或结论。当接收新信息时，往往会将新信息与自己原有的认识保持一致，而刻意忽视甚至抵制与原有认识不一致的信息。比如，在调查中发现，学生对国际社会对中国的评价和国际地位的变化非常敏感，但往往会在自大与自卑之间徘徊，一旦接收到西方国家对中国的正面评价，就会自信心膨胀，为中国的地位沾沾自喜。一旦接收到负面信息，就要么充满愤怒，觉得西方国家刻意针对中国，我们应作出强硬回应，要么沮丧失望，对中国发展丧失信心。

简单机械地将现实与历史相比，将一些本质上不同的现实事件和历史事件牵强地联系在一起，结果就会因人的认知局限而导致重大的知觉错误。也会基于自身的文化解读对方的信息，从而产生错误知觉。这一点也可以说是跨文化沟通的缺乏，或者是文化自我中心主义的表现。这一点同样表现在大学生对国际事件的理解当中，特别是 2011 年日本地震出现核泄漏危机时大学生对日本的态度，以及 2018 年开始美国与中国持续贸易摩擦时中国大学生对中美关系的悲观看法，因此我们从错误知觉的角度运用认知理论来分析大学生国际观的表现。

结合访谈与调查问卷，假定大学生群体在认知变迁中具有一致性，那么对大学生国际秩序观的变迁的归因分析的结果自然集中在两个领域，一个是由国际国内政治经济变迁构成的认

---

① ［美］罗伯特·杰维斯：《国际政治中的知觉与错误知觉》，第 137 页。

知情形客观变化，另一个是国家地位信号释放（status signaling）对大学生群体产生的影响。

（1）国际体系的调整与大学生国际格局观的认知变迁。正如2014年习近平总书记在中央外事工作会议上的讲话中所指出的："当今世界是一个变革的世界，是一个新机遇新挑战层出不穷的世界，是一个国际体系和国际秩序深度调整的世界，是一个国际力量对比深刻变化并朝着有利于和平与发展方向变化的世界。"① 这种国际体系和国际秩序的深度调整主要体现在世界政治经济不同问题领域内的结构性变化。在经济领域，西方开始淡化二十国集团的主要经济平台作用，从借重中国走出金融和经济危机转为从体制和机制上约束中国，以跨太平洋经济伙伴关系协定（TPP）和跨大西洋贸易与投资伙伴关系协定（TTIP）对中国形成新的体制和机制压力。这种政策调整的背景是当前美国和日本的经济已经开始复苏，欧洲也渡过了欧元和欧债的"病危期"，而中国的经济实力和发展前景引起了西方世界的关注。② 从IMF公布的世界各国GDP排名上看，2012年中国的GDP为8.23万亿美元，到2013年上升到9.18万亿美元，虽然低于美国的16.8万亿美元，但是远高于日本的4.9万亿美元。而且IMF对2015年全球经济预期显示，中国经济增速可能为6.8%，也远高于全球增长预期。国家统计局公布的数据表明，1985年美国国内生产总值为39153.5亿美元，排名世界第一，中国为3189.2亿美元，排名世界第八，日本为13660.4亿美元，排名世界第二。经过改

---

① 《习近平出席中央外事工作会议并发表重要讲话》，新华网2014年11月29日。

② 杨洁勉：《站在新起点的中国外交战略调整》，《国际展望》2014年第1期。

革开放的快速发展，虽然1990年中国经济总量仅为美国的6.7%，但是到2017年中国经济总量已经达到美国经济总量的63.23%。[①] 改革开放以来，中国国内生产总值年均增速为9.5%，尤其是党的十八大以来，中国经济保持中高速增长，在世界主要国家中名列前茅，国内生产总值增长到90万亿元，稳居世界第二，对世界经济增长贡献率超过30%。

而在政治军事方面，美国这一传统霸权国的实力相对下降，亚太关系趋于紧张，中国与日本等周边国家政治摩擦和领土争端不断预示着国际体系转型和大国关系的深刻调整，突出表现为美国深陷阿富汗和伊拉克战争，特别是特朗普执政以来，喊出"美国优先""（America First）的口号，废弃TPP、签署"筑墙计划"、颁布"禁穆令"、退出《巴黎协定》、退出联合国教科文组织，并针对中国悍然挑起和升级贸易战，其实质是美国不愿意承担更多的国际责任，通过一切手段维护美国在国际政治经济秩序的特殊地位和作用。

同时，阿拉伯地区接连发生剧变，突尼斯、利比亚、埃及等国的政权更迭，叙利亚的内战，以及"斯诺登事件"后欧盟各国以及其他国家对美国监听行为的普遍抗议。[②] 有学者将当前国际体系的变化称为"功能失调的国际秩序"[③]。将国际体系变迁的环境置于开放的社会环境中，变迁作为一种环境压力作用于大学生群体时，大学生群体会对其国际格局观进行修正、调整以适应变化的体系环境。

---

① 何家伟：《文化支撑与中国崛起》，《学习月刊》2018年第8期。

② 吴其胜：《国内外专家纵论国际体系转型与新型大国关系》，《国际关系研究》2014年第1期。

③ 左希迎：《革新功能失调的国际秩序》，《中国社会科学报》2015年5月13日。

（2）与国际政治联动的是国内社会转型的大局，外交是内政的延伸。2013 年党的十八届三中全会通过了《中共中央关于全面深化改革若干重大问题的决定》，对全面深化改革作出了战略部署，总目标是完善和发展中国特色社会主义制度，推进国家治理体系和治理能力现代化。在这个进程中，全国反腐倡廉建设取得了明显的成效，特别是媒体反腐以及跨境追赃的力度空前加大，这在很大程度上提高了国内民众特别是大学生的制度自信。腐败往往是由于法治不完善、缺乏政治制衡和透明度不足所导致的。据中国社科院《反腐倡廉建设蓝皮书》（2013 年）报告，73.7%的人对今后 5—10 年反腐败取得明显成效有信心，比 2012 年上升了 13.7%。2017 年，党的十九大报告指出，全面从严治党成效卓著。坚持反腐败无禁区、全覆盖、零容忍，坚定不移“打虎”“拍蝇”“猎狐”，不敢腐的目标初步实现，不能腐的笼子越扎越牢，不想腐的堤坝正在构筑，反腐败斗争压倒性态势已经形成并巩固发展。与此同时展开的中国法治建设的推进，使国内民众有了“法治中国”的新蓝图，科学立法、严格执法、公正司法、全民守法深入推进，法治国家、法治政府、法治社会建设相互促进，中国特色社会主义法治体系日益完善，全社会法制观念明显增强；而在经济体制改革方面，以行政审批制度为抓手转变政府职能、金融市场改革纵深推进，直接提升社会资本活跃度，以上海自贸区为代表的涉外体制改革成效显著。从中国自身来看，改革开放 40 多年来所取得的成就是全方位的、开创性的，所发生的变革是深层次的、根本性的，党的面貌、国家的面貌、人民的面貌、军队的面貌、中华民族的面貌发生了前所未有的变化，中华民族正以崭新姿态屹立于世界的东方。党的十九大报告明确指出，中国特色社会主义进入了新时代，这是我国发展新的历史方位，意味着近代以来久经磨难的中华民族迎来了从站起来、富起来到强起来的伟大飞跃。李海青等学者认为站起来、富起来、强起来实际表明近现代以来中华民族命运的逐步改变与中国现代化进程的质的跃迁，表明中国的现代化达到了更高的层次与程度。① 社会转型和全面改革的进一步深化，强国战略的有效推进，极大增强了大学生对中国特色社会主义的理论自信、制度自信、道路自信、文化自信，当这种自信逐渐外溢到国际政治领域，则是要求国家在未来的国际体系中承担更多的责任，扮演更加重要的角色，这成为大学生判断中国地位的现状以及未来发展趋势的重要动因。

（3）地位信号释放的变化。国家领导人面对来自国内外观众的多重压力，出于不同的动机，向不同的观众释放或高或低的国际地位信号。国际体系的结构性调整推动中国调整国际定位与外交政策，进而导致国家地位信号释放的变化。在相当长的时期内，中国外交在“韬光养晦”的战略下形成了一种对国际事务相对“低调不介入”的态度。而近些年包括中国在内的新兴经济体的发展使得中国重新考量应对国际体系变迁的方式。2011 年，中国学者王逸舟提出，“低调介入”已经不适用于当前的国际形势，现在应当“创造性介入”。也有学者认为要变“反应式”外交为“主动筹划型”外交，从战略高度规划和统筹中国外交。随之而来的政策变化集中在军事和经济领域，从叙利亚和也门中国的高调撤侨、中国对亚洲基础设施投资银行的倡导投入，再到“一带一路”战略的推进，以及人类命运共同体倡议的提出，充分显示了中国在国际社会中

① 李海青：《全面深刻把握中国特色社会主义进入新时代的本质内涵》，中国社会科学网 2017 年 10 月 22 日。

更加积极地表达新兴大国的形象，并通过媒体向国内外观众释放出中国在经济领域内愿意承担更多的大国责任的信号。这种积极的地位信号释放，较之国际体系剥离了主权外衣，更加直接地作用于国内受众，因而成为大学生国际秩序观变迁的更加直接的原因。

（4）信号接收的主要途径是网络。截至2019年6月，我国网民规模已达8.54亿人，互联网普及率为61.2%，我国手机网民规模达8.47亿人，网民通过手机接入互联网的比例高达99.1%，我国在线教育用户规模达2.32亿人，占网民整体的27.2%。[①] 据统计，我国网民仍以10—39岁群体为主，占整体的72.1%：其中，20—29岁年龄段的网民占比最高，达29.7%。2010年6月8日，国务院新闻办公室发布《中国互联网状况》白皮书，指出互联网在满足公众知情要求等方面的作用日益凸显，互联网成为人们获取新闻信息的重要途径。2015年3月23日，零点调查发布了一份关于民众信息获得模式的调查报告。报告显示，大学生和白领群体的互联网使用率已经接近100%，九成以上大学生和白领群体最主要的信息获取渠道为互联网。随着互联网时代的到来，报纸、书刊等纸质媒体和广播不再成为大学生获取资讯的主要方式。同时，大学生信息源趋向集中，他们主要通过主流门户网站和新闻网站、网络论坛及社交平台获取资讯。微信和微博作为强势兴起的社交平台，逐渐成为重要的网络信息来源。[②] 网络在提供信息的同时，也成为网民互动交流的平台。据《中国互联网状况》

① 《CNNIC发布第44次〈中国互联网络发展状况统计报告〉》，新华网2019年8月30日。

② 张薇：《零点调查：超九成大学生和白领群体从网上获取信息》，光明网2015年3月23日。

白皮书抽样统计，每天人们通过论坛、新闻评论、博客等渠道发表的言论达300多万条，超过66%的中国网民经常在网上发表言论，就各种话题进行讨论，充分表达思想观点和利益诉求。网络信息平台的及时、快速、便捷以及受众之广使大学生群体对国家地位信号释放更为敏感。

第四章

大国青年：大学生国际观培育的参考建议

青年是最富有朝气、最富有创造力、最富有生命力的群体，是实现“中国梦”的重要力量，是未来社会发展的积极参与者、奋力推动者和历史见证者。“青年是标志时代的最灵敏的晴雨表，时代的责任赋予青年，时代的光荣属于青年。”① 虽然对青年的划分在国际和国内均有所不同②，但毫无疑问大学生是青年群体非常重要的组成部分，是“中国梦”的重要实践主体。根据教育部发布的《2018 年全国教育事业发展统计公报》，全国各类高等学校在学总规模（包括研究生、普通本专科、成人本专科、网络本专科、高等教育自学考试本专科等各种形式的在学人数）达到 3833 万人，其中，普通本科在校人数已经接近 1700 万人。③ 2019 年应届高校毕业生总数为

---

① 习近平：《青年要自觉践行社会主义核心价值观》，《人民日报》2014 年 5 月 5 日。

② 联合国儿童基金会、联合国人口活动基金会把青年定位在“15—24 周岁”，世界卫生组织把“14—44 周岁”的人口界定为青年。中国共产主义青年团的章程第一条把“14—28 周岁”作为加入共青团的年龄限制，而中共中央、国务院 2017 年 4 月 14 日印发的《中长期青年发展规划（2016—2025）》明确规定青年的年龄范围是“14—35 周岁”。

③ 《2018 年全国教育事业发展统计公报》，中华人民共和国教育部网站 2019 年 7 月 24 日。

834 万人，他们将成为未来中国社会发展的引领者和中流砥柱，他们的国际观直接影响着其他社会成员的认知，也将影响中国的未来发展走向与趋势。在实现“两个一百年”历史任务的关键时期，中国既要努力争取和平的国际环境发展自己，又要以自身的发展促进世界和平。拿破仑曾经把中国比喻为“沉睡的狮子”，而习近平总书记指出：“中国这头狮子已经醒了，但这是一只和平的、可亲的、文明的狮子。”① 在国内外形势不断发生复杂剧烈变革的时期，大学生国际观也随时发生着变化，并容易受到各种思潮的影响。因此，如何正确看待中国的发展对世界的影响并对中国在世界体系中进行准确的定位，冷静面对国际社会的风云变幻，积极回应国际上的要求和期待，这都要求作为中国特色社会主义事业建设者和接班人的大学生必须具备健康、成熟、理性的国际观，这既是适应时代变化的客观要求，也是高等教育应承担的历史使命和社会责任。

通过对大学生国际观的初步研究，本书着重调查探究当代大学生国际格局观的认知及其变迁。在国际体系调整和国内社会转型的大局下，当代大学生参与国际政治实践活动的需求得以重塑，进而引起大学生在国际政治实践活动中的行为变化。在这种变迁之下，要培育大学生健康、成熟、理性的国际观。就必须紧紧抓住四个机制建设，提高大学生国际观培育的实效性。

---

① 《习近平出席第三届核安全峰会并访问欧洲四国和联合国教科文组织总部、欧盟总部时的演讲》，人民出版社 2014 年版，第 25 页。

一、加强反馈机制，把握思想动态，评估言论表现

虽然大学生身上被称为“天之骄子”的光环随着中国高等教育的普及化逐渐消退，但中国社会依然对大学生有着特别的期待和要求，往往把大学生具备社会发展所需良好的素质、进而成为合格的中国特色社会主义建设者和接班人看作中国现代化和高等教育的重要成果。素质要求在全球化深入发展和中国社会急剧转型过程中不断提高，大学生进入社会之前即社会化过程中需要做更多的准备。从国际观角度来看，就是集了解世界与了解中国于一身，知己知彼，结合中国实际准确把握世界发展大势。但中国所面临的复杂的国际环境以及自我身份的重新定位与塑造，意味着大学生社会化的完成在不断后移，但大学生的生理成熟又不断往前推，使得大学生所面临问题的复杂性和应付这种复杂性的能力之间，存在越来越大的差距。这种差距使大学生国际观教育的重要性日益凸显，同时也面临较大的困难。

由于国际国内形势不断发生变化，不同的外部环境和舆论氛围，会使大学生国际观呈现很大的差异，出现新的特征、新的认知，从而形成复杂多样的层次和面向。改革开放 40 多年来，中国社会发生了翻天覆地的变化，许多大学生都有出国留学、旅游和购物的经历，同时越来越多的外国留学生来华学习或研修，与国内大学生共同生活、相互学习、交流互鉴，使大学生视域由此变得更加宽广。较之于父辈，现今的大学生已经走出了政治盲从和狂热的误区，对世界与中国的认知更加自主和多元，更加注重自我的直接感受。

2018 年 5 月 4 日，由全国学联秘书处指导，《中国青年

报》与腾讯 QQ 联合发布《00 后画像报告》。该报告以腾讯 QQ 7.83 亿月活跃用户为基础，通过问卷调查和 QQ 平台大数据分析，对 00 后群体进行整体形象描述。报告显示，00 后对自我的评价排在前四位的分别是：开放（56.1%）、自我（46.9%）、独立（43.5%）和自信（42.2%）。同时，73.1%的 00 后受访者认为当今中国“虽然不完美，但一直在进步”。而对于“21 世纪中叶我国将建成现代化强国”，24.6% 的 00 后受访者认为强国目标“与自己息息相关”，更有 31.0% 的受访者明确表示要“发奋努力，为实现强国目标尽力”。① 可见，当代大学生既能积极表达自己的观点，也更加关注中国的发展和在国际社会的定位。

习近平总书记指出，当代大学生“朝气蓬勃、好学上进、视野宽广、开放自信，是可爱、可信、可为的一代”②，大学生受传统思想影响较小，思维敏锐并具有开阔性，理解力强，能够从不同的角度思考问题，现实性和理智化倾向比较突出，但“知识体系搭建尚未完成，价值观塑造尚未成型，情感心理尚未成熟”③，容易受各种外在因素的影响，思想处在不断发展变化之中，也充满了未定性。在时代变迁中，大学生始终关注国家的整体发展，更敏感于中国身份的定位与国际社会的评价，有时不能客观地解读一些国际问题和国家发展战略，更多的是从直观或实际感受去认识和评判，在现实表达中呈现出一定程度的非理性倾向，也容易滋生狭隘的民族主义情绪和畸形的爱国主义观念。

---

① 《00 后画像报告》，中青在线 2018 年 5 月 4 日。

② 中共中央文献研究室编：《习近平关于青少年和共青团工作论述摘编》，中央文献出版社 2017 年版，第 4 页。

③ 同上书，第 4 页。

著名学者罗荣渠总结阻碍中国现代化的思想因素时认为："在现代化进程中，思维方式的转变，一般都落后于现实生活的变化，但没有思想转变首先是世界观的转变为先导，要想跟上世界的变化是绝不可能的。"① 他强调数千年来中国人都是用"中国中心"的世界坐标轴来认识世界的，这成为支配普通人的思维定式，而在世界进入西方为中心的海洋时代后，"中国中心"成为一种时代性错误，以至于中国在此后几十年都找不到自己在现代世界坐标上的准确方位。今天，随着国力的提升，这种传统中国中心观念与近代中国历史悲情结合在一起，成为极端民族主义成长的现实土壤，使大学生国际观认知失去理性，对中国的理解在自大与自卑之间左右摇摆。

因此，必须精准把握大学生的思想动态与行为倾向，建立长效反馈机制。这种反馈机制应该包括信息采集、分析、处理、回馈四个环节，是一个双向流动、相互反馈的过程。信息采集可以通过课堂发言、问卷调查、小型访谈、设置议题让学生进行辩论等多种方式了解大学生对党的最新战略和国际事件的认知反应，及时收集各种形式的信息，增强信息的时效性。特别是可以利用大数据对大学生的思想动态进行实时和全面的掌握。通过观察大学生对国际新闻的关注度，以及对国际事件的评价态度，对相关网络词频建立模型，将无形的思想高度透明化。② 信息分析在于对各种相关信息进行深度加工，评估大学生的言论表现，判断大学生对国家外交战略、国际事件的态

---

① 罗荣渠：《现代化新论——世界与中国的现代化进程》，北京大学出版社1993年版，第262页。

② 有关大学生思想政治动态的词频研究已经展开，并取得了一定成果。具体见陈淑媛、朱金：《基于词频分析的大学生思想政治动态研究》，《管理观察》2019年第13期。

度是否趋于理性，是否存在认知偏差以及程度、水平的差异性。信息处理和回馈即重视动态的形成性评价，对分析过的信息不断进行肯定与否定、认同与修正的处理，并将整理后的评价信息即时传递给大学生，启发学生深入思索，学生又会有许多新的反馈信息生成，从而形成不断循环、系统有效的信息反馈机制，为塑造大学生理性、开放、平和的国际观提供重要前提。需要注意的是，大学生本身处于成长阶段，国际观尚未定型，对其国际观培育是一个长期、持续的过程，而建立的相应反馈机制也必须随着时间、条件的变化而不断丰富、发展和完善。

二、着力纠偏机制，拓展国际视野，树立“四个自信”

当代大学生处在思想尚未成熟时期，对国际社会各种纷繁复杂的现象缺乏一定的鉴别能力，而中国经济快速发展的同时，也必然会带来各种矛盾和问题，并会在国际社会中被激化。一些大学生在看待这些问题的时候，失去了辨别力、判断力，很难保持冷静理智，可能出现有悖于爱国情感、不利于社会稳定、有损中国形象的言行。这种情况的出现，是大学生成长、成熟过程中必然会经历的，是客观存在的，既不能随意忽视，也不能刻意放大，关键是做好教育工作，着力建设纠偏机制，让大学生理性认识和对待国际国内重大事件。

纠偏机制不能对大学生国际观的认知偏差搞“一刀切”，不能不加区分、笼统地进行回应。大学生群体存在自然分层和潜在分层的现象。自然分层是指从大一到大四成长阶段的分层，男生与女生的性别分层，不同专业划分的学科分层等。潜在分层是指大学生的心理结构、精神和思想状况、家庭环境、政治关注度、政治理解力、政治参与度、社会阅历等存在明显的层次差异。比如，就政治成分而言，大学生可以分为学生党员和学生干部、入党积极分子、团员和群众。从目前的各种调查来看，学生党员比团员和群众身份的大学生政治更加成熟，更加具有理性判断的能力，而入党积极分子和团员更加关心现实时事问题，有更高的政治敏感度。因此，“教育对象的层次性特征，要求我们在思想政治教育中，要分层施教，因人而异，即要针对不同教育对象的思想实际，制定不同的计划，提出不同层次的要求，并且运用不同的方法，有的放矢地解决不同类型、不同层次教育对象的各种思想矛盾和思想问题。”①必须依据大学生的差异性把自然分层与潜在分层有机结合，设计合理的纠偏机制，针对大学生不同层次的认知水平与能力要求，充分考虑不同阶段及同一阶段不同思想层次大学生国际观认知的差异性，使大学生国际观纠偏工作更加具体化、富有针对性。

另外，要注意纠偏的方式方法，不能对大学生国际观出现的种种偏差问题简单粗暴地给予否定。比如，大学生都有强烈的爱国激情，面对西方的质疑、指责和非难，或多或少都会产生民族主义情绪，从积极的角度看，这可以成为大学生报效祖国、建功立业的精神动力，促进中国特色社会主义事业的发展；从消极的角度看，这也可能导致盲目排外，将中国与西方对立起来，以负面的态度看待世界上其他国家，逢西必反，要求中国在处理国际关系时变得更为强硬。因此，必须予以全面客观的分析与回应，不能将爱国主义妖魔化、片面化，切实解

① 陈万柏、张耀灿主编：《思想政治教育学原理》，高等教育出版社 2007 年版，第 160 页。

决大学生国际观的认知偏差，使他们明辨是非，理性爱国，化消极因素为积极因素。当代大学生的思想越来越具有独立性和开放性，更加倾向于自我的认知和判断。如果只是简单作出否定的结论，而不是有理有据地进行思想政治教育，不仅不能起到纠偏的作用，还会使部分大学生产生逆反心理，国际观认知出现极端化，甚至对中国自身产生不满，转化成具有政治诉求的政治运动，影响社会秩序的正常运作。

“理论一经掌握群众，也会变成物质力量。理论只要说服人，就能掌握群众；而理论只要彻底，就能说服人。所谓彻底，就是抓住事物的根本。”① 因此，要注意设置不同的纠偏方式，立足大学生的视角，尽量运用大学生熟悉的语言和方式，以情动人、以理服人，让大学生从具体事件的了解到宏观背景的把握、从表面现象分析到深层原因探讨逻辑中去理解问题，渐进式、上升式推进纠偏工作，讲透理论纷争，讲清问题实质，讲明发展趋势。注重培养大学生运用马克思主义的科学方法和基本原理分析问题、研究问题的能力，使大学生坚持用马克思主义的立场、观点和方法来科学认识、观察和分析世界和中国发展大势，深刻领会新时代党和国家事业面临的历史性机遇和挑战，正确认识中国特色和国际比较，树立正确的国际观，同党中央和政府保持思想上和行动上的一致，自觉承担起时代责任和历史使命。

在建设纠偏机制的同时，应积极拓展大学生的国际视野，帮助大学生树立“四个自信”。在信息化、全球化背景下，中国和世界的联系愈加紧密，当今世界正处在大发展大变革大调整时期，中国也从国际事务的参与者成长为国际秩

---

① 《马克思恩格斯选集》第一卷，第9页。

序的建设者。随着中国逐渐走近世界舞台的中央，在世界的聚光灯下，中国面对的既有掌声和鲜花，也有冷眼与质疑。中国自身事务已不再单纯是国内事务，而越来越具有广泛的世界影响，成为世界的话题，国际社会中的各种声音对大学生的影响也越来越大。目前，在中华民族伟大复兴的历史征程中，出现了两种极端的错误认知。“一种是盲目自大，认为中国已经进入世界强国行列，对中国与世界其他强国的差异和在国际舞台上的定位缺乏理性认知；另一种是妄自菲薄，认为中国在改革开放过程中失去了传统文化和理想信仰，社会道德缺失，科技核心竞争力和社会福利水平依旧滞后，从信心缺失走向妄自菲薄。”①

因此，当代大学生需要塑造自尊自信、理性平和的国际观：以正常心态走出历史悲情，摆脱“受害者心态”，不能对一些国家的外交表现动辄“虽远必诛”“以牙还牙”，从而引发极端民族主义；应正确看待中国发展中出现的矛盾和问题，超越“弱国”心态，不能过分强调传统社会的负面因素，贬抑中国“国民性”，把中国与发达国家的差距看作民族性格问题，失去文化自信；应该打破自我中心的封闭，树立理性“大国心态”，以客观、严谨的态度面对中国与外部世界，认真倾听世界的声音，辩证地看待中西文明的差异，客观地分析对我国的各种正面与负面的评价，奋发有为，有所担当，从容应对国际社会的风云变幻。

这其中，加强对外交流和做好社会实践工作是拓展大学生国际视野、培育健康的大国心态的重要形式。由西安交通大学

① 李国庆：《大国复兴需要警惕哪两种极端心态——如何树立平和理性的大国心态》，《人民论坛》2018 年第 26 期。

2015年首倡发起的“丝绸之路大学联盟”，迄今为止，已有38个国家和地区的151所高校加入，形成了遍布世界五大洲的高等教育合作平台。2017年由厦门大学牵头、联合国内外“海上丝绸之路”沿线17个国家和地区的60多所高校组成了“21世纪海上丝绸之路大学联盟”。这两个“一带一路”大学联盟开展了多元交流合作，加强互容互鉴互通，有效拓展了大学生的国际视野和对不同文化的了解，使大学生能够更加客观地看待中国的发展与世界的关系。

社会实践引导大学生走出校门，向社会学习，向实践学习，了解世情、国情、民情，将书本知识同现实实际结合起来，有利于促进大学生思想成熟。从1982年个别高校部分大学生自发进行社会实践开始，到目前全国高校统一部署、有序进行。通过社会实践，大学生在与社会的近距离接触中进一步坚定了在党的领导下走建设有中国特色社会主义道路的信念，对中国的发展更有信心。

同时，必须把“四个自信”的教育融入纠偏机制建设的全过程中，让大学生理解和体会当代中国取得的全方位、开创性的历史性成就和深层次、根本性的历史性变革，是坚持中国特色社会主义道路、理论、制度、文化的结果。大学生始终坚定“四个自信”，才能不为任何风险所惧，不为任何干扰所惑，不偏信不盲从，把思想和行动统一到党中央对形势任务的判断和部署上来，与以习近平同志为核心的党中央同心同向同行，把爱国情、强国志、报国行自觉融入坚持和发展中国特色社会主义事业、建设社会主义现代化强国、实现中华民族伟大复兴的奋斗之中，努力成为担当民族复兴大任的时代新人。

三、完善引导机制，推进课程改革，营造认知环境

两次问卷调查和深入访谈的结果显示，学校教育和媒体对大学生国际观的认知形成及其变迁有明显的影响。因此，完善学校教育与媒体引导机制，营造良好的认知环境是塑造大学生国际观的重要因素。

从学校教育的角度看，对大学生国际格局观的培育主要是通过高校思想政治理论课进行的，这是大学生国际格局观认知形成的基础。思想政治理论课可以帮助大学生全面认识国际形势的发展变化，准确认识我国走和平发展道路的必然性和必要性，理性参与国际政治实践活动。但传统的思想政治教育过分强调政治导向功能，忽略了大学生自身的主体需求，弱化了思想政治教育对大学生国际观培养的重要作用。大学生国际观培养的主渠道是思想政治理论课，主要集中在“形势与政策”和“当代世界经济与政治”两门课中，而这两门课的教学效果并不是很好。据笔者的调研，“形势与政策”课在大学生心目中的印象主要是党的方针、政策的宣讲课，即使对国际热点时事进行分析，也往往只是就事论事，对一些现实问题直接回避。没有就概念表述、问题实质、变化趋势展开理论与逻辑分析，许多知识点没有讲清说透，使大学生国际认知仅仅停留在时事热点事件本身的表面描述上，缺乏独立深入的理解与思考，出现了国际事件内涵认识浅显、理论分析基础薄弱的现状。“形势与政策”课程是教育部要求开设的课程，由于专职教学资源严重不足，很多高校安排大量辅导员上课，辅导员教育背景不一，本身也缺乏对国际政治理论的系统学习和掌握，备课难度很大，因此往往把“形势与政策”课讲授成对学生

的要求和管理课。而“当代世界经济与政治”课程甚至在部分高校已经取消，理由是要强化大学生的实践能力。

针对这些问题，中宣部、教育部从2006年开始对高校思想政治理论课进行全面改革，经过十余年的教学改革和实践拓展，思想政治理论课在增强大学生理论认同、政治认同和情感认同，培育健康、成熟、理性的国际观方面取得了显著的成效。教育部在2015年5月29日发布了高校学生思想政治状况滚动调查结果。全国大学生思想政治教育发展研究中心进行的这项调查显示，高校学生充分信赖以习近平同志为核心的党中央治国理政的能力，高度认可“四个全面”战略布局。① 因此，进一步加强和改进高校思想政治理论课，积极发挥大学生国际观培育的主渠道作用显得极为重要。幸运的是，很多高校面对全球化竞争人才培养的需求以及学校国际化程度的提高，已经认识到了加强大学生国际观教育的必要性和紧迫性，一些高校将国际事件融入四门思想政治理论课和“形势与政策”课之中。在“思想道德和法律基础”课中注重让学生理解如何用国际法解决国际纠纷；在“中国近现代史纲要”课讲述历史的过程中，引导学生深入剖析近代中国人在探求中国命运过程中展现的世界眼光和气度等；在“马克思主义基本原理概论”课的教学过程中，运用哲学原理培养学生客观、辩证看待国际时事的意识；在“毛泽东思想和中国特色社会主义理论体系概论”课中，引导学生全面分析中国面临的国际形势，体会“一带一路”战略和“人类命运共同体”理念提出的背景和现实的意义。除此之外，一些高校通过开展大量专题

---

① 《2015年滚动调查表明高校学生高度认同核心价值观》，《光明日报》2015年5月30日。

讲座的形式，对当前国际形势的热点问题进行深入分析，以帮助大学生通过多种渠道了解国际上发生的重大事件、突发事件，将自身的前途与国家的发展紧密地结合起来，提高大学生对国际形势发展状况和我国对外政策、原则等的把握能力，培养学生学会用马克思主义国际观来看待和认识问题，从而使他们更加拥护中国共产党的领导，积极投身于中国特色社会主义建设事业之中。从目前来看，这些做法已经取得了很好的成效，大学生对国际体系变化的认知能力有所提高。因此，要完善引导机制，学校教育应该整合各种文化资源，依托课程建设和实践平台，实现第一课堂与第二课堂的有机衔接，充分发挥育人功能，贯穿习近平新时代中国特色社会主义思想，从而提高大学生正确分析国际问题的知识水平与理论能力。

从媒体的角度看，新闻舆论处在意识形态领域的前沿，对社会精神生活和大学生思想意识有着重大影响。大众传媒尤其是互联网在提高大学生的国际观水平上具有强大的功能，大学生国际格局观的变迁与此有着紧密联系。我国网络媒体的建设和发展，几乎和中国经济发展的速度同步。1994 年 4 月 20 日，中国科学技术网（CNNET）第一次实现了与国际互联网的全联结，标志着中国成为世界网络大家庭中的一员。这是中国互联网的起步，1995 年 1 月 12 日，中国内地第一份向海外发行的中文电子刊物《神州学人》正式发刊。随后，中国互联网的发展日新月异、突飞猛进。2017 年 5 月，来自“一带一路”沿线的 20 国青年评选出了中国的“新四大发明”：高铁、支付宝、共享单车和网购，后三个都与互联网有关。网络媒体的发展也越来越迅速，各种新闻媒体纷纷上网，“两微一端”成为大学生主要的信息平台，信息获取渠道的多样化为受众提供了多种选择权。信息的传播不再有国界、空间的限制。

但在以“放任权力和自我授权”为特征的网络化空间里①，网络传播给全体社会成员中每个接触网络的受众都提供了成为传播者的可能。这虽然在一方面提高了受众的地位，打破了传统媒介传播的单向性，但在另一方面也带了传播权的滥用。任何人都可以本着任何目的传播任何信息。可以说，网络传播自由、开放的特性也为恐怖主义、极端民族主义、历史虚无主义等各种不良文化形态带来滋生的土壤。网络传播也为媒介带来舆论导向、交流方式等方面的风险。同时，由于网络新闻中信息发布方的隐匿性，网络传播中的假新闻现象也层出不穷。沈大伟就认为中国宣传系统正受到商业、技术、全球化、公众成熟和不信任等因素的冲击，削弱了民众思想和信念。②

最近几年由于中国面临的国际问题而爆发的国内事件无一不是从互联网首先开始的。③ 国内外敌对势力正竭力利用这一阵地对我国大学生进行思想渗透，国外反华势力以“网络自由”为名，大肆宣扬“中国崩溃论”或“中国威胁论”，损害中国形象，同时国内一些别有用心的人充当国外敌对势力的代言人或应声虫，利用互联网造谣生事，不是煽动极端民主主义情绪，就是恶毒攻击党和政府，力图搞乱大学生国际认知，对国家外交行为和国内政策产生质疑，进而危及党的领导和国家安全。

---

① 约瑟夫·奈认为网络空间常常被描述为公共产品或全球公地，但它不完全符合公共产品的特征，部分处于主权国家的控制之下，充其量只是“不完全的公地”或没有完善规则的共有共管地。参见［美］约瑟夫·奈：《权力大未来》，第 194 页。

② ［美］沈大伟：《中国共产党：收缩与调适》，第 157 页。

③ 2012 年由于日本“购买”钓鱼岛而引发的中国反日游行活动就是首先从互联网开始，网民在网络上自发进行宣传、动员和组织而爆发的。

互联网既为我们的国际新闻传播提供了现代化手段，开拓了新的空间和渠道，有利于提高时效性，扩大覆盖面，增强影响力，同时也已经成为中国的思想舆论阵地和国际舆论斗争的新领域。习近平总书记明确指出互联网已经成为舆论斗争的主战场，“很多人特别是年轻人基本不看主流媒体，大部分信息都从网上获取。必须正视这个事实，加大力量投入，尽快掌握这个舆论战场上的主动性，不能被边缘化了”①。他再三强调要把网上舆论工作作为宣传思想工作的重中之重来抓，讲好中国故事，传播好中国声音，形成正能量，兴利除弊，因势利导，对错误思想观点进行批驳，不能任由其蔓延，努力掌握这场舆论斗争的主动权。

另外，少数西方发达国家正在凭借经济和科技的强势使信息传播单向流入处于弱势地位的第三世界，宣扬西方社会的价值理念、社会制度、生活方式，企图通过“信息殖民”，控制发展中国家的政治、经济、文化命脉。我国作为社会主义制度下的发展中国家，网络传播所面临的境外威胁更为巨大。当代大学生由于对网络文化霸权和“信息殖民”缺乏必要的警惕和认识，不能有效地甄别和筛选信息源，加之自媒体的舆论聚合效应与意见领袖的言论煽动效应，大学生关注的敏感议题被有意放大或变形造成失控和连锁反应，使少数大学生产生非理性的言行。因此，国家应该更加重视大众传媒尤其是互联网的作用，对微信、微博等大学生常用的网络交流平台加强引

① 中共中央文献研究室编：《习近平关于全面深化改革论述摘编》，中央文献出版社 2014 年版，第 83 页。

导[①]，宣传正能量，树立中国在国际社会的正面形象，警惕历史虚无主义在网络上的泛滥及其对大学生国际观的认知造成的负面影响。

目前，各级政府和高校都已经关注到网络对大学生教育的重要性。党的十九大报告明确提出，牢牢掌握意识形态工作领导权。意识形态关乎旗帜、关乎道路、关乎国家政治安全，决定文化前进方向和发展道路。因此，掌握意识形态工作领导权，要坚持正确的舆论导向，以正确舆论引导人，提高新闻舆论传播力、引导力、影响力、公信力。同时，要建设好网络空间，网络空间是亿万民众共同的精神家园，同现实社会一样，既要提倡自由，也要保持秩序，互联网不是法外之地。做好网上正面宣传，加强网上舆论引导，培育积极健康、向上向善的网络文化。

在国家加强网络治理的背景下，各大高校都加强和完善了舆情监测机制，及时掌握学生的舆情动态，对校园网进行了信息过滤，有效防止负面信息大范围在校内扩散、对大学生造成不良影响。目前，所有高校的官方微博、微信公众号均已开通，很多高校就近期引起热议的国际时事热点问题在公众号上发表正面评论，并对一些偏激、非理性的言论进行及时批判和纠正，这些做法都有效地引导了大学生树立更为理性客观的国际观，成效显著，自 2012 年西安反日游行之后，西安地区的大学生再未参加过类似的以爱国主义为借口的暴力活动就是典型证明。但网络信息交流频繁，信息流动极快，通过网络引导是一场持久战，必须建立长效监督、治理机制，久久为功。

---

① 据《2014 年中国互联网舆情分析报告》，微信取代微博，成为当下经济发达地区民众的首要信息渠道和社交平台。海外舆论也早已渗透到了中国的微博和微信等平台。6 亿微信账户中，有 1 亿来自海外。

四、提升认知机制，调动主体意识，实现认知自觉

恩格斯指出："就单个人来说，他的行动的一切动力，都一定要通过他的头脑，一定要转变为他的意志的动机，才能使他行动起来。"① 在大学生国际观培育中，必须重视大学生自身的主体性作用。主体性是人作为主体在对客体的关系中所显示的自觉能动性，包含自主性、自为性、选择性、创造性等。大学生在其对历史、现实、未来具有全局眼光、独立观点和见解的基础上，自己主动地接受培育，发挥自身的能动性和积极性，才能将社会要求与国家期望内化于心，将所受教育和掌握的信息有效联系起来，作出客观的分析判断，并外化为具体的行动。基于此，在国际观教育与引导上，要充分尊重大学生主体性，"不仅仅把受教育者作为教育的对象，而且作为教育活动的主体；受教育者不是被动地接受知识和技能，而是主动、自觉、能动、创造性地学习、认识和实践；不仅教给受教育者以知识，而且培养受教育者的情感和能力；不仅使受教育者得到全面的发展，而且使受教育者的个性得到充分的发挥和展示，以使青年成为适合社会发展的高素质人才"②。

随着学习型社会的到来，大学生国际观的培育不能仅仅从外部予以重视，还应该充分发挥大学生的主体性。以学生为中心的教育理念的提出和践行，凸显了大学生的主体地位，但从目前国际观培育的方式看，更多是把学生当成客体的一种单向"灌输"和"塑造"，强调家庭、学校、社会的责任，却较少

① 《马克思恩格斯选集》第四卷，第258页。

② 杨雄、张虎祥：《改革开放40年与中国青年》，上海人民出版社2018年版，第195页。

关注大学生国际观培育的主体性，大学生的主体意识并没有完全激发出来，使得国际观培育有时流于形式，缺少实效性。联合国教科文组织在20世纪70年代供各会员国制定教育策略所撰写的报告《学会生存》中就指出："必须把教育的对象变成自己教育自己的主体。受教育的人必须成为教育他自己的人；别人的教育必须成为这个人自己的教育。"① 因此，必须有效激发大学生自主性，调动其主体意识，使大学生在自我认知、自我学习、自我发展中培育理性国际观。

在调查和访谈中发现，有的学生表示对国际事务"不感兴趣"，觉得"形势与政策"等涉及国际事务的课程离自身很远，认为这些课程就是让大学生"听话""不闹事"，很没有意思，因此更关注当下自身的学习、恋爱、工作等问题，表现出一定程度的政治冷漠。有的学生对国际事务的回答完全依据教科书，没有进行过独立思考，只知其然不知其所以然，其国际观看似正确却不能转化为现实分析国际问题的实际能力。这些都表明大学生国际观的培育需要关注大学生的主体性，提升认知机制。

这种主体性首先表现在自主性上。自主性是大学生形成独立意识和批判思维的前提。"教师的训练和擅长的是'外在的学习'。而进入一个人可能达到的最佳境界的成长过程却是'内在的学习'。"② 当代大学生具有强烈的自主意识，敢于提出质疑并表达自己的见解。根据中国社会科学院社会学研究所2017年度中国大学生生活、就业和价值观调查，当代大学生

---

① 联合国教科文组织：《学会生存——教育世界的今天和明天》，教育科学出版社1996年版，第200页。

② ［美］马斯洛等著：《人的潜能和价值》，林方主编，华夏出版社1987年版，第266页。

没有在网上发表过意见的被调查者比例为38.9%，超过六成的大学生在网络上发表过自己的见解。调查报告认为当代大学生敢于表达的背后是积极寻找共识的社会心态，他们之所以发出声音，是想找出现实问题、分析真实情况、寻求破解之道，这些都是形成社会共识的必要方式①，也是培育理性国际观的前提。

其次，要重视选择性。学习知识的目的是掌握能力，通过知识学习使大学生能够对国际事务主动关注、自主分析、理性对待、客观评价。而大学生对国际事务的关注是有选择的，有自己的需要和兴趣，往往更关注突发新闻，对外界信息的接收、加工、整合和改造也有自己的组合方式，因此，国际观培育应该在信息获取上提供尽可能多的信息，对一些涉及中国国家战略和发展的国际问题要主动设置议题并予以回应。大学生通过对国际事务的了解和分析，主体性发挥越充分，掌握的信息越多，其认识也更趋于客观，反之，掌握的信息越少，越容易从主观想象出发，国际观认知也越容易出现偏差。

最后，要注意主导性，实现大学生主体性与教育主导性的有机统一。习近平总书记在学校思想政治理论课教师座谈会上的讲话中指出："推动思想政治理论课改革创新，要不断增强思政课的思想性、理论性和亲和力、针对性。要坚持政治性和学理性相统一；坚持价值性和知识性相统一；坚持建设性和批判性相统一；坚持理论性和实践性相统一；坚持统一性和多样性相统一；坚持主导性和主体性相统一；坚持灌输性和启发性相统一；坚持显性教育和隐性教育相统一。"② 虽然是针对思

① 田丰：《把脉当代大学生思想动态》，《人民论坛》2018年第22期。

② 《用新时代中国特色社会主义思想铸魂育人　贯彻党的教育方针落实立德树人根本任务》，《人民日报》2019年3月19日。

想政治理论课而言的，但实际上也为大学生国际观培育指明了方向。主体性是国际观培育的内在生长点，是有没有国际观的基础。主导性是国际观培育的指导原则和主要内容，体现着处理中国与世界关系的现实要求，是有什么样的国际观的核心。人的认知是一个认知图式不断重建、不断发展的过程，大学生国际观也随着国家地位的自我认知与他人评价而不断变化。大学生国际观在形成发展的过程中，会因为种种因素表现出一定的非理性，如果不加强主导性，就会使大学生国际观认知走向偏激，思想混乱，不能正确理解不断变化的国际社会，对国家外部环境作出错误判断，进而影响整个国家发展战略。但单纯强调主导性而忽视主体性，就会使国际观培育空洞化，因此，必须实现二者的有机统一，使大学生国际观由自发走向认知自觉，从而增强国际观培育的有效性。

后　记

学者张剑荆指出：“中国的崛起并不只是仅属于中国的事件，在这个全球化时代，一个像中国这样规模的大国的崛起，不可能是孤立于全球进程之外的。因此，作为问题，它不只是别人的，也是自己的，而且首先是自己的。它也不只是问题的制造者，它同时还是问题的解决者。作为问题的解决者，它不只是在解决自己的问题，而且也在解决全球性问题。”①

大学生是中国特色社会主义建设事业的接班人、中国梦的实现者，他们如何看待国际形势和国际事务，在很大程度上影响着中国未来的发展。中国崛起过程中面临的诸多理论争议，西方有关“中国威胁论”“中国责任论”和“中国崩溃论”等种种观点的提出，不仅是在质疑中国社会主义道路发展的模式，也是希望激发大学生强烈的民族主义情绪使未来中国走向对抗世界民主与市场秩序的道路。因此，如果缺乏理性、平和、健康的国际观，缺乏对国际事务的冷静观察、沉着应对，缺乏对中国自身发展的客观定位，大学生单纯的爱国热情将会在复杂多变的国际问题面前遭受严峻考验。因此，需要对大学生国际观问题进行深入研究，并就其存在的问题进行实证研究与学理说明，以便给大学生国际观培育工作提供更好的参考。

---

① 张剑荆：《中国崛起——通向大国之路的中国策》，新华出版社 2005 年版，第 151—152 页。

本书分析了大学生国际观的内涵、结构与影响因素，认为大学生对国际社会在横向和纵向上的实在结构及其对国际社会中国镜像、世界镜像的自我感知共同构成了大学生的国际观。一方面，大学生国际观的成熟程度决定着大学生对中国发展状况和国际地位的理性认知程度；另一方面，国际社会对中国的评价和质疑也会影响大学生国际观的成熟。也就是说，大学生国际观是在自我认知和他者认知的互动中实现的。从隐性与显性相结合的角度来看，大学生国际观的影响因素主要有学校教育、家庭代际传播、国际交流、新媒体传播和国内舆情与公众的政治参与度五种。

出于各自不同的利益考量和思维定式影响，国内外学界对中国快速崛起的认识和反应表现出较大的差异，因此本书对中国快速崛起的现实与国内外舆论变化进行了概括与总结，重点分析了西方舆论中所谓“中国崩溃论”“中国威胁论”“中国责任论”三种典型观点的缘起、表现和实质，指出这些观点实际上是对社会主义中国的质疑，是因为中国的发展并不是按照西方政治经济制度的现实路径进行的，而是中国在自身现实国情的基础上探索出的中国特色社会主义模式上实现的。中国特色社会主义是在站起来、富起来、强起来的历史进程中取得的根本成就，是道路、理论体系、制度、文化的辩证统一。

面对国家快速发展和国内外舆论的变化，大学生国际观有无变化，有何变化，变化的原因是什么，本书对此做了进一步的实证考察，还进行了追踪调查，把握大学生国际观变化的轨迹，寻找其规律。根据问卷调查与个案访谈，结合现有的文献资料，发现中国大学生有较为稳定的多极格局观，对国际格局的把握较为理性，但就具体国家之间的关系以及古代与现代中国国际地位变化的关联性问题上却存在较多的知觉错误。对大学生国际秩序观变迁的归因分析的结果集中在两个领域，一个是由国际国内政治经济变迁构成的认知情形客观变化，另一个是国家地位信号释放对大学生群体产生的影响。因此，需要围绕中国形象的展示、中国发展问题的理解、国家利益的维护三个问题进行偏差纠正。中国的崛起绝不是要恢复古代中国的大国雄风，也不是要与美国争夺世界霸权，中国形象的树立是建立在为促进世界和平与发展的基础上的，“一带一路”倡议与人类命运共同体的提出是中国为解决世界问题提供的中国方案，贡献的中国智慧。面对中国发展面临的不利因素，需要理性分析，沉着应对，不能因为国内经济发展遭遇挑战就对中国的外交布局与外交政策产生误解。而这种误解也往往来自对中国国家利益认知的偏差。国家利益具有阶级性和民族性，既有共同利益，也有特殊利益，必须坚持马克思主义全面、发展的观点去分析和理解中国国际利益。

本书最后就培育大学生健康、成熟、理性的国际观，提出四条建议供有关部门参考：（1）加强反馈机制，把握思想动态，评估言论表现。（2）着力纠偏机制，拓展国际视野，树立“四个自信”。（3）完善引导机制，推进课程改革，营造认知环境。（4）提升认知机制，调动主体意识，实现认知自觉。

事实上，在本书即将成稿之际，适逢中美贸易摩擦持续斗争，中国香港地区出现“反修例”风波。2018 年 9 月 24 日，中国国务院新闻办公室发布了《关于中美经贸摩擦的事实与中方立场》白皮书，用翔实的数据和案例澄清了中美经贸中的关键事实，有力驳斥了美国政府一系列站不住脚的论调，充分阐明了中国的立场和态度。2019 年 3 月 22 日，外交部就美国国务院发表《香港政策法报告》干涉中国内政，对中国的中央政府、香港特区政府进行无端指责，表示强烈不满和坚决反对。中美持续的贸易摩擦以及美国对中国香港事务的干预使很多大学生对美国一意孤行的行为有强烈的愤懑之情，对此，本书暂时没有就大学生对国际事件的参与度以及相应观点进行探究，只能等待以后进行补充。

本书对大学生国际观的研究，目的是引导大学生增强“四个意识”，坚定“四个自信”，做到“两个维护”，切实把思想和行动统一到以习近平同志为核心的党中央决策部署上来，更加发奋学习，努力成为担当民族复兴大任的时代新人，成为德智体美全面发展的社会主义建设者和接班人。因学术水平有限，书中观点的阐述难免存在诸多不足，希望读者能予以及时批评指正。

马明策

2019 年 8 月

参考文献

中文著作：

中央编译局：《马克思恩格斯文集》第一卷，人民出版社 2009 年版。

中央编译局：《马克思恩格斯选集》第一卷，人民出版社 2012 年版。

中央编译局：《马克思恩格斯选集》第四卷，人民出版社 2012 年版。

恩格斯：《路德维希·费尔巴哈和德国古典哲学的终结》，中央编译局编译，人民出版社 2018 年版。

《马克思恩格斯论中国·英人在华的残暴行动》，中央编译局编译，人民出版社 2018 年版。

马克思、恩格斯：《共产党宣言》，中央编译局编译，人民出版社 2014 年版。

《中国人民政治协商会议共同纲领》，平月注释，中华书局 1952 年版。

《毛泽东选集》第一卷，人民出版社 1991 年版。

《毛泽东选集》第四卷，人民出版社 1991 年版。

《毛泽东文集》第三卷，人民出版社 1996 年版。

《毛泽东文集》第七卷，人民出版社 1999 年版。

《建国以来毛泽东文稿》第 13 册，中央文献出版社 1998

年版。

逄先知、金冲及主编:《毛泽东传(1949—1976)》上卷,中央文献出版社 2003 年版。

中共中央文献研究室编:《毛泽东年谱(1949—1976)》第六卷,中央文献出版社 2013 年版。

中共中央文献研究室编:《周恩来年谱》上卷,中央文献出版社 1997 年版。

《周恩来外交文选》,中央文献出版社 1990 年版。

《建国以来刘少奇文稿》第 1 册,中央文献出版社 2005 版。

《邓小平文选》第二卷,人民出版社 1994 年版。

《邓小平文选》第三卷,人民出版社 1993 年版。

《邓小平文集(1949—1974)》下卷,人民出版社 2014 年版。

中共中央文献研究室编:《邓小平年谱(1975—1997)》下,中央文献出版社 2004 年版。

中共中央文献研究室编:《邓小平思想年谱(1975—1997)》,中央文献出版社 1998 年版。

中共中央文献研究室、中央档案馆编:《建党以来重要文献选编(1921—1949)》第二十六册,中央文献出版社 2011 年版。

中共中央文献研究室编:《建国以来重要文献选编》第十一册,中央文献出版社 1995 年版。

中共中央文献研究室编:《十三大以来重要文献选编》上,中央文献出版社 2011 年版。

胡锦涛:《坚定不移沿着中国特色社会主义道路前进　为全面建成小康社会而奋斗——在中国共产党第十八次全国代表大会上的报告》,人民出版社 2012 年版。

习近平:《习近平谈治国理政》,外文出版社 2014 年版。

习近平:《决胜全面建成小康社会　夺取新时代中国特色

社会主义伟大胜利——在中国共产党第十九次全国代表大会上的报告》，人民出版社2017年版。

习近平：《习近平总书记系列重要讲话读本》，人民出版社2016年版。

习近平：《关于实现中华民族伟大复兴的中国梦论述摘编》，中央文献出版社2013年版。

习近平：《出席第三届核安全峰会并访问欧洲四国和联合国教科文组织总部、欧盟总部时的演讲》，人民出版社2014年版。

中共中央文献研究室编：《十八大以来重要文献选编》上，中央文献出版社2014年版。

中共中央文献研究室编：《习近平关于青少年和共青团工作论述摘编》，中央文献出版社2017年版。

中共中央文献研究室编：《习近平关于全面深化改革论述摘编》，中央文献出版社2014年版。

《中国近现代史纲要》，高等教育出版社2018年版。

陈希主编：《民族复兴之路与马克思主义的中国化》，清华大学出版社2007年版。

陈万柏、张耀灿主编：《思想政治教育学原理》，高等教育出版社2007年版。

陈岳：《中国国际地位分析》，当代世界出版社2002年版。

陈曙光：《大国复兴》，人民日报出版社2018年版。

邓永昌：《中国和平发展与西方的战略选择》，社会科学文献出版社2008年版。

丁韶彬：《大国对外援助——社会交换论的视角》，社会科学文献出版社2010年版。

丁学良：《丁学良集：痛索·奋发》，黑龙江教育出版社1989

年版。

冬梅编:《中美关系资料选编(1971.7—1981.7)》,时事出版社 1982 年版。

樊纲:《求解命运的方程:一位经济学家关于人生的说法》,北京出版社 1993 年版。

樊勇明:《西方国际政治经济学》,上海人民出版社 2006 年版。

房宁等:《全球化阴影下的中国之路》,中国社会科学出版社 1999 年版。

房维中:《中华人民共和国经济大事记(1949—1980)》,中国社会科学出版社 1984 年版。

费孝通:《论文化与文化自觉》,群言出版社 2005 年版。

葛兆光:《中国思想史》第二卷,复旦大学出版社 2001 年版。

管文虎主编:《国家形象论》,电子科技大学出版社 2000 年版。

韩冬临:《想象的世界:中国公众的国际观》,社会科学文献出版社 2012 年版。

何兰主编:《冷战后中国对外关系》,中国传媒大学出版社 2005 年版。

环球时报社编:《大国心路:六十六位中外学者谈中国与世界》,京华出版社 2007 年版。

黄利群:《中国人留学苏(俄)百年史》,中国文史出版社 2000 年版。

黄庆、王巧荣主编:《中华人民共和国外交史》(1949—2012),当代中国出版社 2016 年版。

李长声:《哈,日本——二十年零距离观察》,中国书店出版社 2010 年版。

李景治、林甦主编:《当代世界经济与政治》,中国人民大学出版社 2010 年版。

李庆山主编:《新中国百姓生活 60 年》上册,人民出版社 2009 年版。

李少军:《国际政治学概论》,上海人民出版社 2002 年版。

李慎明:《中国民众的国际观》第一辑,社会科学文献出版社 2009 年版。

李慎明:《中国民众的国际观》第四辑,社会科学文献出版社 2014 年版。

李滔主编:《中华留学教育史录:1949 年以后》,高等教育出版社 2005 年版。

李涛:《借鉴与发展:中苏教育关系研究(1949—1966)》,浙江教育出版社 2006 年版。

联合国教科文组织:《学会生存——教育世界的今天和明天》,教育科学出版社 1996 年版。

留学生丛书编委会编:《中国留学史萃》,中国友谊出版公司 1992 年版。

梁启超:《戊戌政变记》,广西师范大学出版社 2010 年版。

刘连第:《中美关系重要文献资料选编》,时事出版社 1996 年版。

刘江永:《中国与日本:变化中的“政冷经热”关系》,人民出版社 2007 年版。

刘英杰:《中国教育大事典》(1949—1990),浙江教育出版社 1993 年版。

鲁义:《中日相互理解还有多远——关于两国民众相互认识的比较研究》,世界知识出版社 2006 年版。

罗荣渠:《现代化新论——世界与中国的现代化进程》,北京大学出版社 1993 年版。

毛礼锐、沈灌群:《中国教育通史》第六卷,山东教育出版社 1995 年版。

欧阳雪梅主编:《中华人民共和国文化史(1949—2012)》,当代中国出版社 2016 年版。

潘世伟等:《中国模式研究》,上海社会科学院出版社 2016 年版。

钱其琛主编:《世界外交大辞典》下,世界知识出版社 2005 年版。

沈志华:《苏联专家在中国(1948—1960)》,中国国际广播出版社 2003 年版。

沈志华主编:《中苏关系史纲:1917—1991 年中苏关系若干问题再探讨》,社会科学文献出版社 2011 年版。

宋秋蓉:《近代中国私立大学研究》,天津人民出版社 2003 年版。

宋晓明、刘蔚主编:《追寻 1978——中国改革开放纪元访谈录》,福建教育出版社 1998 年版。

孙祥飞:《中国形象:历史演进及跨文化传播路径》,社会科学文献出版社 2017 年版。

孙维学、林地:《新中国对外文化交流史略》,中国友谊出版公司 1999 年版。

孙哲:《美国学:中国对美国政治外交研究(1979—2006)》,上海人民出版社 2008 年版。

宿景祥、齐琳主编:《国外著名学者、政要论中国崛起》,中共中央党校出版社 2007 年版。

田桓主编:《战后中日关系文献集(1971—1995)》,中国社会科学出版社 1997 年版。

万明：《中葡早期关系史》，社会科学文献出版社 2001 年版。

王帆、凌胜利主编：《人类命运共同体：全球治理的中国方案》，湖南人民出版社 2017 年版。

王洪起：《“山鹰之国”亲历》，新华出版社 2008 年版。

王沪宁：《美国反对美国》，上海文艺出版社 1991 年版。

王辉耀：《中国留学人才发展报告》，机械工业出版社 2009 年版。

王义桅：《大国担当》，人民日报出版社 2018 年版。

王逸舟主编：《中国对外关系转型 30 年（1978—2008）》，社会科学文献出版社 2008 年版。

夏建平：《认同与国际合作》，世界知识出版社 2006 年版。

夏甄陶：《认识的主—客体相关原理》，湖北教育出版社 1996 年版。

夏征农主编：《辞海》，上海辞书出版社 2009 年版。

谢益显主编：《中国当代外交史（1949—2009）》，中国青年出版社 2009 年版。

熊明安：《中国高等教育史》，重庆出版社 1988 年版。

许纪霖：《家国天下——现代中国的个人、国家与世界认同》，上海人民出版社 2017 年版。

许倬云：《我者与他者：中国历史上的内外分际》，生活·读书·新知三联书店 2010 年版。

徐利平主编：《当代周边国家的中国观》，社会科学文献出版社 2013 年版。

杨奎松：《毛泽东与莫斯科的恩恩怨怨》，江西人民出版社 2012 年版。

杨奎松主编:《冷战时期的中国对外关系》,北京大学出版社 2006 年版。

杨治良、郝兴昌主编:《心理学辞典》,上海辞书出版社 2016 年版。

杨雄、张虎祥:《改革开放 40 年与中国青年》,上海人民出版社 2018 年版。

杨玉圣:《中国人的美国观——一个历史的考察》,复旦大学出版社 1996 年版。

姚大力:《追寻“我们”的根源:中国历史上的民族与国家意识》,生活·读书·新知三联书店 2018 年版。

俞可平:《全球化与政治发展》,社会科学文献出版社 2005 年版。

俞正樑:《国际关系与全球政治——21 世纪国际关系学导论》,复旦大学出版社 2007 年版。

喻常森编著:《亚太国家对中国崛起的认知与反应》,时事出版社 2013 年版。

张剑荆:《中国崛起——通向大国之路的中国策》,新华出版社 2005 年版。

张维为:《中国震撼:一个“文明型国家”的崛起》,上海人民出版社 2011 年版。

赵汀阳:《天下体系:世界制度哲学导论》,中国人民大学出版社 2011 年版。

郑必坚:《郑必坚论集》下卷,上海人民出版社 2005 年版。

郑必坚主编:《中国和平崛起的道路》,中央党校出版社 2003 年版。

郑永年:《中国的文明复兴》,东方出版社 2018 年版。

郑永年:《中国民族主义的复兴——民族国家向何处去?》,

东方出版社 2016 年版。

中国教育工会上海市委员会新民主主义研究会编:《学校中的政治思想教育》,棠棣出版社 1953 年版。

中央科学研究所编:《中华人民共和国教育大事记(1949—1982)》,教育科学出版社 1984 年版。

中国社会科学院美国研究所、中华美国学会编:《中美关系十年》,商务印书馆 1989 年版。

中国大百科全书编委会:《中国大百科全书》,中国大百科全书出版社 1991 年版。

周宁:《跨文化研究:以中国形象为方法》,商务印书馆 2011 年版。

[美]保罗·肯尼迪:《大国的兴衰:1500—2000 年的经济变迁与军事冲突》,陈景彪等译,国际文化出版公司 2008 年版。

[美]罗伯特·吉尔平:《世界政治中的战争与变革》,宋新宁、杜建平译,上海人民出版社 2007 年版。

[美]费正清:《美国与中国》,张理京译,世界知识出版社 2008 年版。

[美]迈克尔·沙勒:《二十世纪的美国和中国》,王扬子、刘湖译,光明日报出版社 1985 年版。

[美]罗伯特·劳伦斯·库恩:《中国 30 年:人类社会的一次伟大变迁》,吕鹏等译,上海人民出版社 2008 年版。

[美]约翰·米尔斯海默:《大国政治的悲剧》,王义桅、唐小松译,上海人民出版社 2008 年版。

[美]弗朗西斯·福山:《历史的终结及最后之人》,黄胜强、许铭原译,中国社会科学出版社 2003 年版。

[美]加里·J. 斯密特主编:《中国的崛起:美国未来的竞争与挑战》,韩凝等译,新华出版社 2016 年版。

[美]罗伯特·杰维斯:《国际政治中的知觉与错误知觉》,秦亚青译,世界知识出版社 2003 年版。

[美]安东尼·唐斯:《民主的经济理论》,姚洋、邢予青、赖平耀译,上海世纪出版集团 2010 年版。

[美]兹比格纽·布热津斯基:《大棋局》,中国国际问题研究所译,上海人民出版社 1998 年版。

[美]查尔斯·P. 金德尔伯格:《1929—1939 年:世界经济萧条》,宋承先、洪文达译,上海译文出版社 1986 年版。

[美]吉尔伯特·罗兹曼主编:《中国的现代化》,上海人民出版社 1989 年版。

[美]约瑟夫·奈:《权力大未来》,王吉美译,中信出版社 2012 年版。

[美]亨利·基辛格:《世界秩序》,胡利平等译,中信出版社 2015 年版。

[美]亨利·基辛格:《大外交》,顾淑馨、林添贵译,海南出版社 1998 年版。

[美]亨利·基辛格:《白宫岁月——基辛格回忆录》第三册,杨静予等译,世界知识出版社 1980 年版。

[美]R. 麦克法夸尔、费正清编:《剑桥中华人民共和国史:中国革命内部的革命》,中国社会科学出版社 1992 年版。

[美]马斯洛等著,林方主编:《人的潜能和价值》,华夏出版社 1987 年版。

[美]莫顿·卡普兰:《国际政治的系统和过程》,薄智跃译,上海人民出版社 2008 年版。

[美]塞缪尔·亨廷顿:《文明的冲突与世界秩序的重建》,周琪等译,新华出版社 2002 年版。

[美]斯坦利·霍夫曼:《当代国际关系理论》,中国社会科

学出版社 1990 年版。

[美]汉斯·J. 摩根索:《政治学的困境》,商务印书馆 1994 年版

[美]汉斯·J. 摩根索:《国家间政治——权力斗争与和平》,徐昕等译,北京大学出版社 2006 年版。

[美]沈大伟:《中国共产党:收缩与调适》,吕增奎、王新颖译,中央编译出版社 2011 年版。

[美]乔舒亚·库珀·雷默等:《中国形象:外国学者眼里的中国》,沈晓雷译,社会科学文献出版社 2008 年版。

[美]西蒙·赖克、理查德·内德·勒博:《告别霸权:全球体系中的权力和影响力》,陈锴译,上海人民出版社 2016 年版。

[美]亚历山大·温特:《国际政治的社会理论》,秦亚青译,上海人民出版社 2008 年版。

[美]诺姆·乔姆斯基:《海盗与君主:现实世界中的国际恐怖主义》,叶青译,上海译文出版社 2006 年版。

[美]约瑟夫·列文森:《儒教中国及其现代命运》,郑大华、任菁译,中国社会科学出版社 2000 年版。

[美]史景迁:《大汗之国:西方眼中的中国》,阮叔梅译,广西师范大学出版社 2013 年版。

[美]陶美心、赵梅主编:《中美长期对话:1986—2001》,中国社会科学出版社 2001 年版。

[法]艾田蒲:《中国之欧洲》,许钧、钱林森译,河南人民出版社 1994 年版。

[法]埃里克·伊兹拉莱维奇:《当中国改变世界》,姚海星、斐晓亮译,中信出版社 2005 年版。

[苏]奥·鲍·鲍里索夫、鲍·特·科洛斯科夫:《苏中关系(1945—1980)》,肖东川、谭实译,生活·读书·新知三联书店

1982 年版。

英文著作：

Alastair Johnston, *Cultural Realism: Strategic Culture and Grand Strategy in Chinese History*, Princeton: Princeton University Press, 1995.

Cordon G. Chang, *The Coming Collapse of China*, New York: Random House, 2001.

David M. Lampton, *Following the Leader: Ruling China, from Deng Xiaoping to Xi Jinping*, Berkeley: University of California Press, 2014.

David Shambaugh, *Return to the Middle Kingdom :China and Asia in the Early Twenty-First Century, edited by David Shambaug, Power Shift: China and Asia's New Dynamics*, Berkeley: University of California Press, 2005.

David Lampton, *There Faces of Chinese Power: Might, Money, and Minds*, Berkeley: University of California Press, 2008.

Harry Harding, *China's Second Revolution: Reform after Mao*, Washington: Brookings Institution, 1987.

Hugh White, *The China Choice: Why America Should Share Power*, Sydney: Black Inc. 2012.

Susan. L. Shirk, *China: Fragile Superpower: How China's Internal Politics could derail its Peaceful Rise*, London: Oxford University Press, Inc. , 2007.

YashengHuang, *Capitalism with Chinese Characteristics: Entrepreneurship and the State*, London: Cambridge university press, 2008.

中文文章：

白联磊、袁正清：《透视中国的美国形象变迁——以〈世界知识〉（1980—2009 年）为样本的内容分析》，《世界经济与政治》2011 年第 10 期。

布热津斯基、韩红：《如何与中国共处》，《战略与管理》2000 年第 3 期。

陈丹：《二十世纪五十年代归国留美学人群体及相关问题研究刍议》，《中共党史研究》2018 年第 3 期。

陈思：《不同制度环境下的大学生民族主义价值观——基于对中国高校学生与在美留学生的比较研究》，《河南社会科学》2018 年第 6 期。

陈生洛：《两个美国：中国大学生的美国观》，《青年研究》2006 年第 6 期。

陈生洛：《中国大学生对日本的看法》，《青年研究》2003 年第 11 期。

陈生洛：《中国大学生的美国观与日本观的比较》，《中国青年政治学院学报》2006 年第 6 期。

陈淑媛、朱金：《基于词频分析的大学生思想政治动态研究》，《管理观察》2019 年第 13 期。

崔远航：《十九大以来西方媒体眼中的“中国威胁论”：特点与趋势分析》，《对外传播》2018 年第 4 期。

戴静：《网络文化对高校德育的挑战及对策研究》，《机械工业高教研究》2002 年第 1 期。

傅菊辉、陈亚东：《试论国际政治中的行为个体——基于国际政治资源的视角》，《西安外事学院学报》2007 年第 3 期。

范士明：《“爱恨交融”中的反美主义——冷战后中国人

对美国的看法》，《国际政治研究》2005 年第 2 期。

《各国软实力排名中国位居全球第八》，《中国对外贸易》2012 年第 2 期。

高子平：《西方学者视野中的中国海外人才回流》，《国际关系研究》2013 年第 2 期。

高程：《中美竞争与“一带一路”阶段属性和目标》，《世界经济与政治》2019 年第 4 期。

高翠欣：《大学生国际意识状况调查与培养策略》，《学校党建与思想教育》2010 年第 12 期。

谷牧：《关于访问欧洲五国的情况报告（一九七八年六月二十二日）》，《党的文献》2009 年第 1 期。

宫力：《时代主题与中国国际战略转型》，《国际关系学院学报》2010 年第 3 期。

国家发改委：《钢铁行业召开贯彻落实国务院关于化解产能严重过剩矛盾的指导意见会议》，《中国产经》2013 年第 11 期。

何家伟：《文化支撑与中国崛起》，《学习月刊》2018 年第 8 期。

金灿荣：《从“中国威胁论”到“中国责任论”——中国国际舆论环境的变化与应对》，《绿叶》2009 年第 5 期。

金灿荣：《中国人的美国观》，《国际经济评论》1997 年第 4 期。

金熙德：《中国改革开放 30 年与日本对华 ODA》，《教学与研究》2008 年第 11 期。

金熙德：《“千变”日本：中国人眼里的日本形象》，《世界知识》2007 年第 9 期。

康欣：《超越现实主义的权力算计才有均势与和平——评

亨利·基辛格新著〈世界秩序〉》，《上海证券报》2015 年 8 月 26 日。

孔根红：《中国的“国际秩序观”》，《瞭望中国》2017 年第 23 期。

李国庆：《大国复兴需要警惕哪两种极端心态——如何树立平和理性的大国心态》，《人民论坛》2018 年第 26 期。

李鹏、杜谷文：《两岸青年国际观之特点及成因分析》，《当代青年研究》2010 年第 10 期。

李鹏：《建国初期争取海外留学生回国的历史考察》，《中国浦东干部学院学报》2016 年第 5 期。

里奥·霍恩：《中国模式背后的真相》，《海外经济评论》2008 年第 32 期。

梁玉春：《“中国崩溃论”：西方的意识形态武器》，《红旗文稿》2015 年第 12 期。

梁萍：《论如何在公共政治理论课教学中培养大学生的国际意识》，《职业时空》2008 年第 2 期。

刘慎军等：《大学生国际观问题研究述评》，《黑龙江高教研究》2014 年第 3 期。

刘智宏、毕晓春：《中国青年向世界表达心声——中国青年看世界大型调查综述》，《高校理论战线》1995 年第 12 期。

刘晓英：《实用理性：影响中国崛起的内在文化因素》，《国际关系学院学报》2012 年第 3 期。

刘贞晔：《中国参与全球治理的历程与国家利益分析》，《学习与探索》2015 年第 9 期。

刘艳红：《“一带一路”背景下的大学国际交流与合作》，《黑龙江高教研究》2016 年第 3 期。

鲁义：《从舆论调查结果看中日两国人民相互理解的现

状》，《现代日本经济》1998 年第 6 期。

吕芳：《我国大学生国家认同与国际主义支持的实证研究——基于对北京高校大学生国家认同观的调查》，《马克思主义研究》2011 年第 8 期。

陆烨：《世博会为上海青年带来了什么——基于对 1962 名上海青年的调查》，《上海青年管理干部学院学报》2010 年第 1 期。

马明策：《当代大学生的国际观变迁——基于西安高校的两次问卷调查》，《新西部》2016 年第 7 期。

门洪华：《压力、认知与国际形象——关于中国参与国际制度战略的历史解释》，《世界经济与政治》2005 年第 4 期。

宁越敏等：《中国大学生的国际观调查分析》，《世界地理研究》2011 年第 1 期。

牛海彬：《评析“中国责任论”》，《复旦国际关系评论》2008 年第 1 期。

牛军：《后冷战时期中国人对美国的看法与思考》，《中国外交》2001 年第 11 期。

蒲晓宇：《地位信号、多重观众与中国外交再定位》，《外交评论》2014 年第 2 期。

申玉庆：《外决策的微观认知视角——对杰维斯认知理论的几点评价和思考》，《外交评论》2005 年第 5 期。

世界银行报告：《2020 年的中国：新世纪的发展挑战》，《国际金融研究》1997 年第 10 期。

舒云：《纠正与国力不符的对外援助——中国外援往事》，《同舟共进》2009 年第 1 期。

田丰：《把脉当代大学生思想动态》，《人民论坛》2018 年第 22 期。

檀有志：《国际话语权竞争：中国公共外交的顶层设计》，《教学与研究》2013 年第 4 期。

田美、杨瑞英：《高等教育国际化与“国际化”个人——美国学生在华留学生经历研究》，《复旦教育论坛》2012 年第 4 期。

王俊生：《直面美国新一轮“中国威胁论”》，《世界知识》2018 年第 16 期。

王俊秀：《社会心态的结构和指标体系》，《社会科学战线》2013 年第 2 期。

韦鸿鹏：《浅论培养大学生国际意识需要更新的基本观念》，《广西师范大学学报》2004 年第 3 期。

吴其胜：《国内外专家纵论国际体系转型与新型大国关系》，《国际关系研究》2014 年第 1 期。

熊东萍、苏华：《全球化下的大学生全球意识教育》，《江西教育科研》2005 年第 12 期。

余逊达等：《中美关系：来自民众的看法》，《世界经济与政治》2001 年第 6 期。

易秋芳：《论加强当代大学生的国际意识教育》，《重庆科技学院学报》2006 年第 12 期。

喻国明：《中国人眼中的日本和日本人——中国公众对日印象的调查分析报告》，《国际新闻界》1997 年第 6 期。

阎学通：《中国崛起的实力地位》，《国际政治科学》2005 年第 2 期。

姚福生等：《新时期大学生国际视野教育初探》，《学术论坛》2008 年第 1 期。

杨洁勉：《站在新起点的中国外交战略调整》，《国际展望》2014 年第 1 期。

杨琦：《关于我国 GDP 统计的观点综述及客观分析》，《统计与决策》2006 年第 4 期。

章百家：《改变自己　影响世界——20 世纪中国外交基本线索刍议》，《中国社会科学》2002 年第 1 期。

张春：《冷战后中国人的美国观：两个美国、三种态度与走向理性》，《开放时代》2004 年第 3 期。

张尔升、明旭、徐华：《海洋文化扩展与中国崛起》，《上海财经大学学报》2018 年第 3 期。

张现民：《钱学森回国与二十世纪五十年代中美侨民归国谈判》，《上海行政学院学报》2017 年第 3 期。

张云莲、李福建：《“中国威胁论”对中国国家形象的挑战》，《思想理论教育导刊》2016 年第 8 期。

赵迎欢等：《“当代大学生特点及环境影响”研究报告》，《思想理论教育导刊》2010 年第 1 期。

钟飞腾：《霸权稳定论与国际政治经学研究》，《世界经济与政治》2010 年第 4 期。

中国青少年研究中心课题组：《中国青年看世界调查报告》，《中国青年研究》2005 年第 5 期。

周方银：《朝贡体制的均衡分析》，《国际政治科学》2011 年第 1 期。

周可卫：《互联网对大学生价值观的影响及应对》，《中国青年研究》2010 年第 3 期。

资中筠：《百年思想的冲击与撞击》，《美国研究》1996 年第 4 期。

［美］弗朗西斯·福山：《美国民主没什么可教给中国的》，《求是》2011 年第 4 期。

［美］约瑟夫·奈：《美国如何看待中国崛起》，《商务周

刊》2005 年第 8 期。

［美］罗伯特·佐利克：《中国往何处去——从正式成员到承担责任》，《财经文摘》2006 年第 1 期。

［英］马丁·雅克：《中国将要向何处去?》，《中国报道》2019 年第 1 期。

［日］藤冈信胜：《包括南京大屠杀事件的猎奇教材》，《诸君》1999 年第 12 期。

潘鹏：《中苏友好协会的缘起、历程及终结》，中共中央党校博士学位论文，2008 年。

苏晓龙：《当代中国国际意识的变迁与国家认同的重构》，山东大学博士学位论文，2009 年。

文记东：《1949—1966 年的中苏文化交流》，中共中央党校博士学位论文，2009 年。

俞海洛：《当代中国大学生思想史研究（1949—1988）》，浙江大学博士学位论文，2009 年。

陈日常：《公众心目中的中美关系与中国的崛起》，浙江大学硕士学位论文，2007 年。

胡治艳：《论大学生国际意识的培养》，武汉大学硕士学位论文，2004 年。

洪逸磊：《全球化背景下大学生国际意识教育研究》，江南大学硕士学位论文，2017 年。

黄丽丽：《探究价值观的代际传递内容及其机制》，华东师范大学硕士学位论文，2008 年。

英文文章：

Alastair Iain Johnston, "Is China a Status Quo Power?" *International Security*, Vol. 27, No. 4 (2003).

Alastair Iain Johnston, "Chinese Middle Class Attitudes Towards International Affairs: Nascent Liberalization?" *The China Quarterly*, Vol. 179 (2004).

Council of the European Union, "Council Conclusions on EU-China Strategic Partnership", 2771*th External Relations Council Meeting*, Brussel, 11&12 December 2006.

Donglin Han and David Zweig, " Images of the World: Studying Abroad and Chinese Attitudes towards International Affairs", *The China Quarterly*, Vol. 202 (2010).

Donald H. Straszheim, " China Rising", *World Policy Journal*, No. 3(March 2008).

Der-Karabetian, Aghop, " Worldmindedness and the Nuclear Threat: A Multinational Study", *Journal of Social Behavior and Personality*, No. 7(July 1992).

James Hackett, " Between Dragon and Wrath", *Washington Times*, No. 4(August 1995).

Jie Chen, " Rapid urbanization in China: A real challenge to soil protection and food security", *Catena*, Vol. 69, No. 1 (January 2007).

J. K. Fairbank & S. Y. Teng, "On the Ch'ing Tributary System", *Harvard Journal of Asiatic Studies*, Vol. 6, No. 2(June 1941).

Jeffrey D. Sachs & Wing Thye Woo, " Understanding China's Economic Performance", *National Bureau of Economic Research*, No. 2(February 1997).

Jeffrey E. Garten, " The High-Tech Threat From China", *Bloomberg Business Wee*, 31 January 2005.

Martin King Whyte, "Paradoxes of China's Economic Boom",

The Annual of Sociology, No. 7(July 2009).

Minxin Pei & Jonathan Anderson, "The Color of China", *National Interest*, 03 March 2009.

"Panamanian President-Elect Will Respect Diplomatic 'Truce' Taiwan, China", *in Latin America Herald Tribune*, 19 June 2014.

Robert William Fogel, " Why China's Economy Will Grow to $ 123 Trillion by 2040", Foreign Policy, No. 1(January 2010).

Robert D. Putnam, "Diplomacy and Domestic Politics: The Logic of Two-Level Game", *International Organization*, Vol. 42, No. 3(Summer, 1988).

Robert A. Isaak, "The Individual in International Politics: Solving the Level-of-Analysis Problem", *Polity*, Vol. 7, No. 2(February 1974).

Ross H. Munro, "Awakening Dragon-The Real Danger in Asia Is from China", *Policy Review*, Vol. 62, No. 1(March 1992).

Richard M. Nixon, "Asia after Vietnam", *Foreign Affairs*, Vol. 46, No. 1(October 1967).

Sampson, D. L. & Smith H. P, "A Scale to Measure World-minded Attitude", *The Journal of Social Psychology*, Vol. 45, No. 1 (January 1992).

Thomas G. Rawski, " What is Happening to China's GDP Statistics?" *China Economic Review*, No. 12 (December 2001).

Thomas Palley, "External Contradictions of the Chinese Development Model: Export-led Growth and the Danger of Global Economic Contraction", *Journal of Contemporary China*, Vol. 15, No. 46(April 2006).

William Rees-Mogg, "This Is The Chinese Century", *The Times*, 03 January 2005.